LE TRAITÉ D'ARBITRAGE PERMANENT

AU XXᵉ SIÈCLE

Accords franco-anglais et franco-italien
des 14 octobre et 25 décembre 1903

PAR

A. MÉRIGNHAC

Professeur de Droit international public
à l'Université de Toulouse

— 1904 —

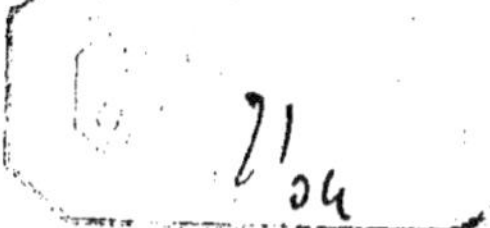

LE TRAITÉ
D'ARBITRAGE PERMANENT

AU XXE SIÈCLE

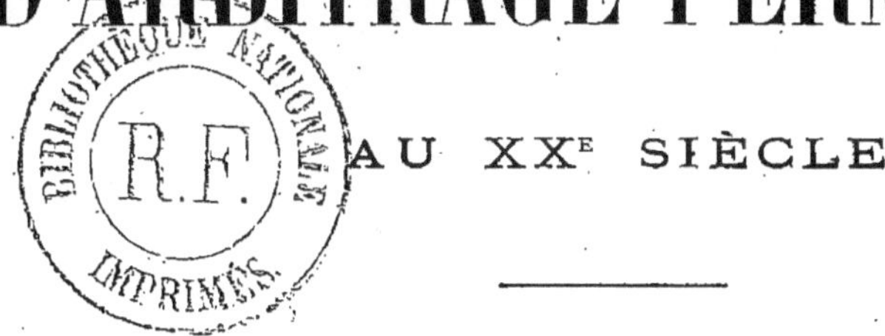

Accords franco-anglais et franco-italien
des 14 octobre et 25 décembre 1903

PAR

A. MÉRIGNHAC

Professeur de Droit international public
à l'Université de Toulouse

— 1904 —

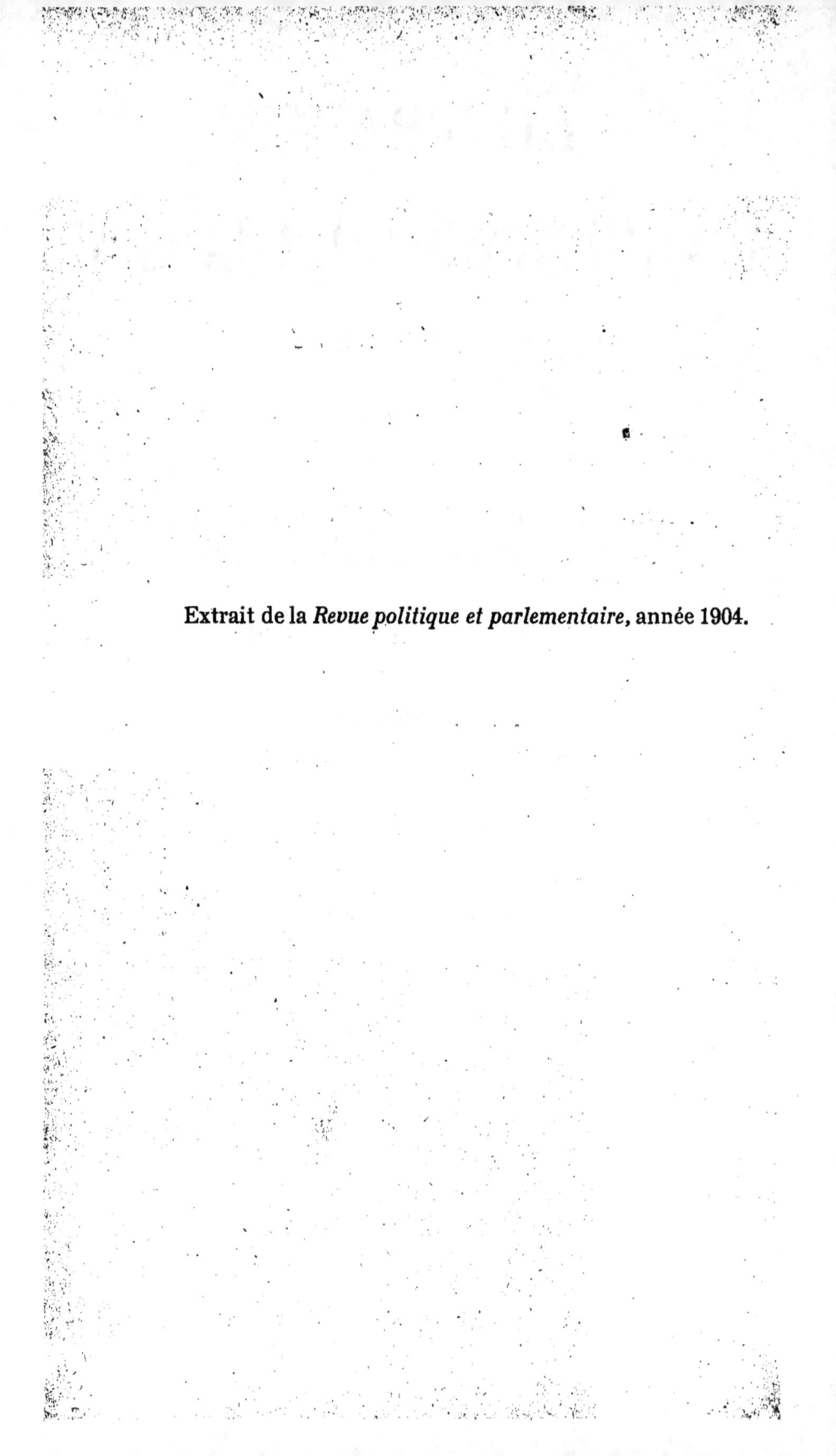

Extrait de la *Revue politique et parlementaire*, année 1904.

Le traité d'arbitrage permanent entre de plus en
plus dans les idées et les mœurs ; c'est vers lui que se
tourne principalement l'évolution pacifique, et l'on
peut affirmer, semble t-il, qu'il va devenir, au vingtième siècle, l'expression dominante du principe de
paix. Sa notion, d'abord confuse, tenue longtemps en
suspicion par une diplomatie dont les traditions tendent
de plus en plus à se modifier, se dessine aujourd'hui
avec netteté, tel un bloc dégrossi par la main de ce
ciseleur incomparable qui s'appelle l'opinion publique.

C'est qu'en effet. cette opinion publique, grâce à la
presse, aux travaux des juristes et des philanthropes,
aux communications de plus en plus fréquentes entre
les peuples, à leurs intérêts communs de plus en plus

nombreux, est devenue un facteur d'une puissance
irrésistible dont l'influence ne connaît pas de frontières.
Or, l'opinion publique se rend de plus en plus compte
que la guerre serait, à notre époque, à raison soit de
ces intérêts, soit du perfectionnement des engins
de destruction et de l'augmentation constante du
nombre des combattants, un fléau encore plus terrible
qu'aux siècles antérieurs, où, cependant, elle a causé
tant de ravages, de ruines et de deuils. Voilà pourquoi,
d'une façon énergique et continue, l'humanité, consciente de ce que serait la guerre, veut la paix et
aspire après toutes les institutions qui doivent lui en
assurer le bienfait incomparable. Il n'est pas jusqu'à
ceux qui se livrent aux armements effrénés de notre
époque, si préjudiciables à la prospérité publique qui
n'essaient de les dissimuler, de les excuser sous l'appa-
rence d'un esprit pacificateur plus apparent probablement que réel. Dans la circulaire initiale des 12-24
août 1898, qui a jeté pour la première fois, dans le monde
étonné l'idée de la *Conférence de la Paix*, le comte
Mourawieff, ministre des affaires étrangères de l'Empire russe, en un langage peut-être plus ironique que
convaincu, s'exprimait de la manière suivante, mettant
fort bien en relief cette sorte de paravent pacifique der-
rière lequel se retranchent volontiers les chefs des
grandes puissances européennes : « Au cours des vingt
dernières années, disait-il, les aspirations à un apaise-
sement général se sont particulièrement affirmées dans
le concert des nations civilisées. La conservation de la
paix a été indiquée comme le but de la politique internationale; c'est en son nom que les grands États ont
conclu entre eux de puissantes alliances; *c'est pour*

mieux garantir la paix qu'ils ont développé, dans des proportions inconnues jusqu'ici, leurs forces militaires et qu'ils continuent encore à les accroître, sans reculer devant aucun sacrifice... (1). »

Comment arriver à marcher dans la voie de ce progrès pacifique dont les plus petits comme les plus grands sentent devoir être désormais l'objectif universel ? D'aucuns ont cru pouvoir y arriver par la voie du désarmement, et ils peuvent se réclamer, dans une certaine mesure, de l'empereur Nicolas II qui, dans la circulaire précitée, après avoir appelé l'attention publique sur les inconvénients de toute sorte des armements à outrance, inconvénients bien connus et sur lesquels il est inutile de revenir ici, réclamait, sinon le désarmement général, du moins, ce qui en est la préface nécessaire : *« un terme aux armements incessants »*. Et, dans la circulaire ultérieure du 30 décembre 1898-11 janvier 1899, précisant mieux sa pensée, proposait de soumettre, en premier lieu, à une discussion internationale : « une entente stipulant la *non augmentation*, pour un terme à fixer, des effectifs actuels des forces armées de terre et de mer, ainsi que des budgets de guerre y afférents et même une étude préalable des voies dans lesquelles pourrait se réaliser, dans l'avenir, une *réduction* des effectifs des budgets ci-dessus mentionnés » (2).

Mais la Conférence échoua dans cette voie et dut, en présence du *veto* de certaines puissances

(1) Conf. notre ouvrage sur la *Conférence de la Paix*, avec une préface de M. Léon Bourgeois, paru en 1900, pp. 3 et 4.

(2) *Ibidem*, p. 6.

et principalement de l'Allemagne, se contenter de voter cette proposition platonique : « La Conférence estime que la limitation des charges militaires qui pèsent actuellement sur le monde est grandement désirable pour l'accroissement du bien-être matériel et moral de l'humanité. » Cet échec des représentants civils et militaires de toutes les nations du monde civilisé, ayant échangé leurs vues en commun, discuté le problème sous toutes ses faces, n'est guère encourageant pour les initiatives ultérieures qui se produiraient dans le même sens de la part de tel ou tel peuple déterminé. Ajoutons qu'une réduction vraiment sérieuse dans les armements actuels, c'est-à-dire, pour appeler les choses par leur nom, un désarmement partiel, le seul qui pût être envisagé, est absolument irréalisable en l'état actuel des choses pour tous ceux qui se placent, non point sur le terrain du sentiment, mais en face de la raison et des intérêts nationaux. La France, en effet, pour prendre le pays où, dans ces derniers temps, la question a été le plus agitée, ne saurait faire le premier pas, pour des raisons sur lesquelles il est inutile d'insister. Et, au surplus, comme le faisait remarquer, dans la discussion, à la Chambre, du dernier budget de son département, le Ministre des Affaires étrangères, M. Delcassé, en réalité, la France, en n'augmentant pas, même en diminuant ses budgets de guerre, a montré une bonne volonté de pacification évidente, à laquelle les autres pays ont répondu en redoublant leurs armements de terre ou de mer, notamment l'Allemagne et la Grande-Bretagne. Le comte Mouravieff, du reste, constatait lui-même, avec tristesse, ces augmentations, dans les circulaires dont il a été question ci-dessus.

II

Délaissons la question du désarmement qui ne pourra pratiquement se poser que lorsqu'auront disparu les principales difficultés qui risquent, à tous moments, de déchaîner une guerre européenne: l'opinion publique s'est orientée du côté d'une institution pacifique dont le principe ne peut soulever aucune difficulté : celle de l'arbitrage international. Sous forme de compromis isolé, l'arbitrage a été usité à toutes les époques ; il fait partie du droit international commun des peuples civilisés. L'exemple le plus mémorable qu'on en puisse donner est celui de l'Arbitrage de l'Alabama, clôturé par la sentence du tribunal de Genève le 14 septembre 1872 (1). Puis, peu à peu, on a perfectionné l'institution, de façon à lui faire produire son maximum d'effet bienfaisant, et on est arrivé à la combinaison suivante basée sur l'observation des faits.

L'arbitrage isolé a des avantages sur lesquels il n'est même pas nécessaire d'insister ; mais il ne parvient à apaiser en général les querelles que si on ne laisse pas aux passions le temps de s'enflammer, si on y a, par suite, recours aussitôt qu'on le peut. Or, il est une stipulation qui réalise merveilleusement le but cherché; on la dénomme : *clause compromissoire* et elle consiste en ce que les parties défèrent à l'arbitrage, non comme dans le compromis isolé, des litiges déjà nés, mais des

---

(1) Voir sur le détail de cet important arbitrage notre *Traité théorique et pratique de l'arbitrage international*, 1895. Ouvrage récompensé par l'Institut de France en 1896, §§ 64 et ss.

difficultés encore inexistantes, qui ne naîtront peut-
être jamais. La clause compromissoire a donc cet avan-
tage inappréciable d'imposer le recours au compromis
avant même l'apparition du litige; dès lors, aussitôt
qu'il se produit, on est astreint à le trancher par les
voies juridiques. La clause protège aussi les peuples à
la fois contre leurs propres entraînements et contre
ceux de leurs gouvernants, qui, livrés à eux-mêmes,
auraient peut-être repoussé l'arbitrage à la suite d'im-
pressions fausses ou d'ambitions malsaines, dont le
pays aurait, en définitive, supporté la responsabilité (1).

La clause compromissoire, dont les origines paraissent être assez reculées (2), se présente comme entiè-
rement liée à un traité déterminé. dont elle constitue
une clause pure et simple; et, à ce point de vue, elle
offre une physionomie double. Elle est *spéciale*, c'est-
à-dire insérée dans une convention internationale relativement aux difficultés que cette convention pourra
soulever. Bluntschli, le savant professeur de Heidelberg,
rapporte que le gouvernement italien, en 1877, a, le
premier, proposé de l'introduire dans les traités de
commerce et de navigation et qu'il a marché résolument dans cette voie sous l'influence de Mancini, qui
devenu membre du gouvernement de son pays, eut la
bonne fortune de pouvoir mettre en pratique comme
homme d'Etat les principes qu'il avait défendus comme
juriste (3). L'Italie s'est ainsi liée avec la Roumanie

(1) Conf. sur tous ces points le *Traité* précité au § 195.

(2) Conf. les explications historiques données à ce sujet dans le
Traité précité *de l'Arbitrage*, au § 42.

(3) *Droit internat. codifié*, traduction française Lardy, 1886, article 489.

(5 août 1860), avec la Grèce (1er avril 1889), la Belgique (11 décembre 1882), la Grande Bretagne (15 juin 1883), l'Espagne (26 février 1888) et la Suisse (19 avril 1892) (1). Elle a encore adopté la clause dans de nombreux traités avec les Etats américains et africains (République d'Orange, 9 janvier 1890) (2). La Grande-Bretagne (traité anglo-mexicain du 27 novembre 1888, et anglo-portugais du 14 mars 1891), l'Espagne et les Pays-Bas (8 juin 1887), la Belgique (traités avec la Grèce et la Norvège en 1895, la Suède et le Danemark, en 1896, ont eu également recours à la clause compromissoire spéciale, que la France a insérée dans la convention, avec l'Angleterre, du 14 juin 1898, relative à la délimitation des deux puissances dans la région du Niger (3). Enfin, on retrouve la clause compromissoire spéciale, mais avec un caractère le plus souvent facultatif, dans les grands traités d'intérêt commun, auxquels ont adhéré un certain nombre d'Etats sous la forme d'*Unions générales*. Les bureaux de ces Unions ont, en conséquence, reçu mandat de départager les contractants en désaccord au sujet de l'interprétation de l'acte international qui les institue (Conf. l'article 23 de la Convention du 4 juillet 1891, sur

(1) De Martens, *Nouveau Recueil général des traités*, 2e série, t. VIII, 607, 627, 632 ; t. X, 550, 629 ; t. XIII, 606 ; t. XVII, 9; t. XXIII, 302 ; t. XVIII, 860. Conf. sur ces citations et plusieurs autres, le *Traité* précité *de l'Arbitrage*, § 198.

(2) Voir leur indication dans la thèse de M. Langlade, soutenue à Toulouse en 1899, sous le titre de : *De la clause compromissoire et des traités d'arbitrage permanent*, p. 85. V. de Martens, *loc. cit.*, XVIII, 705.

(3) De Martens, *loc. cit*, XVII, 138 ; XIV, 3 ; XXI, 603, 607, 617 ; XXII, 554 ; *Revue générale de droit international public*. 1898, p. 864.

l'Union postale, et l'article 57 de la Convention du 14 octobre 1890, relative à l'Union des transports par chemin de fer)(1).

La clause compromissoire *générale* fait un pas de plus que la précédente. Elle soumet, en effet, à l'arbitrage *toutes les contestations* à venir, sans distinction, pourvu qu'elles soient de nature à être déférées à des arbitres d'après les idées des contractants. Certains auteurs ont cru que cette clause était trop vague pour constituer un engagement formel ; qu'il fallait donc s'en abstenir. Il n'y a pas, en ce cas, a-t-on dit, compromis au sens véritable du mot, mais plutôt médiation (2). Ces critiques ont été reproduites à propos du traité d'arbitrage permanent ; voilà pourquoi nous y insistons par avance. Nous les avons déjà réfutées dans notre *Traité de l'arbitrage*. Il est certain, disions nous d'une part, que « la volonté sérieuse de s'obliger ne peut être mise en doute dans les conventions entre Etats. Et, d'autre part, la clause n'est point vague, mais générale, ce qui est bien différent. Le mandat peut être général entre particuliers et jamais on n'a songé pour cela à prétendre que ce mandat était vague et à le proscrire comme tel (Conf. article 1987 C. civ. français). Enfin, la crainte de la rupture du traité à raison de l'inexécution de la clause compromissoire,

---

(1) De Clercq, *Recueil des traités de la France*, XI, 257 et XII, 102 ; *Traité de l'arbitrage international*, § 388. L'acte général de Bruxelles du 2 juillet 1890, sur la répression de la traite, organise également, dans son article 55, un arbitrage au sujet des difficultés que pourrait soulever l'application de la convention.

(2) Rouard de Card, *Les destinées de l'arbitrage international depuis la sentence de Genève*, 1892, p. 199 ; *Répertoire général du droit français*, V° Arbitrage internat., §§ 86 et ss.

constituera souvent un motif sérieux de respecter cette clause pour l'Etat qui serait tenté de se soustraire à son application » (1).

La France a conclu des traités contenant la clause compromissoire générale avec la Corée (traité d'amitié, de commerce et de navigation du 4 juin 1886) et l'Equateur (12 mai 1888) (2). Les autres Etats européens ont agi de même, mais avec beaucoup de réserve ; la Suisse et la Belgique l'ont stipulée avec des Etats extra-européens (Conf. traités entre la Suisse et l'Etat indépendant du Congo, du 16 novembre 1889, et entre la Belgique et le Venezuela, du 26 février 1887) (3). Mentionnons, d'autre part, la convention commerciale du 5 juillet 1894 entre le Portugal et les Pays-Bas, qui contient à la fois et la clause générale et la clause spéciale, ainsi que celle du 14 août 1897, entre le Pérou et l'Espagne (4).

Mais c'est principalement chez les Etats américains que la clause générale a été usitée. Le Salvator l'a insérée dans un certain nombre de pactes avec le Costa-Rica, le Guatemala, le Honduras, le Nicaragua, le Venezuela et le Mexique (5). D'autres Etats y ont eu

(1) Conf. Goldschmidt, *apud Revue de droit internat. et de législat. comp.*, 1874, p. 430 ; *Traité* précité de *l'Arbitrage*, § 200.

(2) De Clercq, *Recueil des traités*, 1886, à sa date ; *Journal Officiel*, Ch. des députés, session extraordinaire, 1888, annexe, n° 3061 ; de Mougins Roquefort, *De la solution juridique des conflits internation.*, 1889, p. 204.

(3) De Martens, *loc. cit.*, t. XVI, 600, t. XV, 740.

(4) De Martens, *loc. cit.*, t. XXII, 591, *Revue générale de droit international public*, 1897, p. 794.

(5) De Martens, *loc. cit*, t. XIV, 239, 192, 195, 229, 268 ; XX, 864. Conf. *Revue générale de droit international public*, 1896, 552 et 602 ; *Archives diplomatiques*, 1894, II, 275. Voir sur d'au-

recours, par exemple, la République Argentine avec le Pérou (9 mars 1874) et ce dernier avec l'Union américaine (traité du 31 août 1887) (1).

III

La clause compromissoire recommandée par l'Institut de droit international à la session de Zurich (2), se conçoit, ainsi que son nom l'indique et que nous l'avons déjà fait remarquer ci-dessus, comme la clause spéciale d'un traité portant sur une autre matière. On a encore fait un pas de plus dans la voie du progrès pacifique en instituant le « *Traité d'arbitrage permanent* », qui est la clause compromissoire générale, non plus effacée, dissimulée dans un autre instrument diplomatique dont elle est l'accessoire, mais constituant principalement et directement le traité lui-même. Le recours à l'arbitrage y est stipulé pour les difficultés ultérieures pouvant surgir entre les contractants, soit en général, soit avec certaines réserves sur lesquelles nous aurons ultérieurement à insister.

tres cas de traités semblables : *Répertoire général du droit français*, V° Arbitrage, n° 86 ; Pradier-Fodéré, *Traité de droit international public européen et américain*, VI, 1894, pp. 358 et ss. ; *Journal des Economistes*, 1872, p. 417 ; *Revue de droit intern.*, 1895, p. 5.

(1) Pradier-Fodéré, *loc. cit*, VI, p. 359 et de Martens, *loc. cit.*, XXII, 63.

(2) C'est en Suisse, d'après M. Droz, qu'aurait été conclu très anciennement le premier traité d'arbitrage permanent. Il cite en ce sens un pacte de 1291, conclu entre les cantons d'Uri, Schwitz et Nidwald. Discours d'ouverture prononcé à la quatrième Conférence interparlementaire. *La Conférence interparlementaire*, numéro du 1er janvier 1894, p. 113.

Le traité d'arbitrage permanent a été surtout usité, comme la clause compromissoire, par les Républiques américaines, spécialement celles de l'Amérique espagnole, chez lesquelles il date des premières années de l'Indépendance.

Ici encore, c'est le Salvador qui vient en première ligne dans ses rapports avec les Etats américains du Nord et du Sud (Voir notamment les traités du 3 juillet 1882 avec la République dominicaine, et du 7 février 1883, avec l'Uuruguay) (1).

Le 17 février 1872, fut signé un pacte général entre les quatre Républiques de l'Amérique centrale : le Costa-Rica, le Guatemala, le Honduras et le Salvador. Ce pacte, qui fut renouvelé au commencement de 1889 avec l'adjonction du Nicaragua, soumettait à l'arbitrage toutes les difficultés qui pourraient s'élever entre les contractants (2). Enfin, le mouvement s'est généralisé et les Etats des trois Amériques ont adhéré, à l'exception du Chili, à la Conférence pan-américaine organisée à Washington, le 2 octobre 1889 et close le 19 avril 1890. Un projet de traité permanent d'arbitrage a été élaboré, comprenant dix-neuf articles, dont voici l'aspect général. D'après les articles 1 à 6, l'arbitrage est accepté comme principe de loi internationale américaine, pour le règlement de toutes con·

(1) De Martens, *loc. cit.*, XIV, 207 et 214. Voir la liste assez longue de ces traités dans de Martens, *loc. cit.*, XIV, 192, 195, 206, 215, 229, 239. Conf. notre *Traité de l'Arbitrage international*, p. 206, note 3; Prodier-Fodéré dans la *Revue de droit internat. et de législat. comp.*, 1884, pp, 203 et ss.; Seijas, communication à l'*Institut de droit internat.*, à la session de Hambourg; *Revue de droit internat. et de législat. comp.*, 1891, p. 529.

(2) De Martens, *loc. cit.*, III, 476.

testations déjà nées ou à naître, sauf celles que l'une des nations intéressées envisagerait comme pouvant mettre son indépendance en péril. Et, même dans ce cas, l'arbitrage sera obligatoire pour l'autre partie. Suivant l'article 8, le droit d'être arbitre n'est pas réservé aux seuls Etats américains ; et tout gouvernement peut être pris comme juge, s'il entretient des relations amicales avec la nation plaidant contre celle qui l'a choisi. La fonction d'arbitre peut être aussi confiée à des tribunaux de justice, à des corps scientifiques, à des officiers publics, à de simples particuliers, citoyens ou non des Etats les choisissant. Les articles 8 à 15 s'occupent du choix des arbitres et du sur-arbitre, du lieu de réunion du tribunal et de la majorité requise pour le jugement. L'article 18 donne au traité une durée de vingt ans, en précisant qu'il continuera à être applicable après ce délai à défaut de dénonciation. Enfin, l'article 19 décide que toute nation autre que celles ayant figuré au Congrès pan-américain peut devenir partie contractante en signant une copie du traité et en le déposant aux mains du gouvernement des Etats-Unis, qui en avertira les autres parties (1).

On s'est demandé si les ratifications nécessaires ont été réellement échangées et si, par suite, le document connu sous le nom de *Traité de Washington* est bien réellement un traité définitif avec caractère obligatoire ou un simple projet, dans le genre de la déclaration sur les lois et coutumes de la guerre terrestre

---

(1) Consulter sur la Conférence pan-américaine et le projet de traité, notre ouvrage sur l'*Arbitrage international*, § 203, et Prince; *Le Congrès des trois Amériques*, 1889-1890, volumineux ouvrage paru à Paris en 1891.

de 1874. On enseigne, en général, et nous l'avons fait nous-même avec la plupart des auteurs, que les ratifications voulues se sont produites (1). MM. Bonfils et Fauchille (2) affirment que le traité voté le 18 avril 1890 a été signé le 28 avril de la même année par les représentants de dix républiques et que les autres ont postérieurement donné leur adhésion. Mais on a objecté, peut-être non sans raison, que la constitution de la grande majorité des Etats représentés exigeait l'approbation du pouvoir législatif ou, tout au moins, du Sénat, ce dont on ne trouve nulle trace et que, d'autre part, le département d'Etat américain aurait déclaré ne pas pouvoir fournir le texte du traité dit de Washington, parce qu'il n'aurait jamais été ratifié (3).

L'article 19 du traité ou projet ci-dessus indiqué déclarant que toute nation pouvait devenir partie contractante en signant une copie de l'acte déposée aux mains des Etats-Unis, le Gouvernement américain a fait communiquer le document aux divers gouvernements européens par une circulaire du 23 octobre 1890 ; mais les résultats de la démarche ne furent guère encourageants. La France répondit d'une manière vague qu'elle était favorable au principe d'arbitrage et les autres gouvernements gardèrent un silence

(1) *Traité* précité *de l'Arbitrage*, §§ 204 et 406. Conf. Despagnet, *Cours de droit internat. public*, 2ᵉ edition, 1899, § 705 ; Pradier-Fodéré, *loc. cit*, VI, p. 366; Dreyfus, *Arbitrage internat.*, p. 151 et note ; Revon, *Arbitrage internat.*, p. 288.

(2) *Manuel de droit international public*, 3ᵉ édition, 1901, nº 969.

(3) *L'Arbitrage entre nations*, Revue mensuelle de la Société française d'arbitrage, nᵒˢ de juin, juillet et octobre 1898, pp. 344, 359 et 437 ; Langlade, *Thèse* précitée. Cet auteur se prononce nettement contre le caractère obligatoire, à raison de l'absence des ratifications. Conf. pp. 152 et ss.

complet. Seuls le Danemark et la Suisse se sont montrés favorables. La Suisse avait, du reste, déjà proposé en 1883 aux Etats-Unis un projet de traité portant la date du 24 juillet 1883, projet adopté par le Conseil fédéral, et soumettant à l'arbitrage toutes les difficultés qui auraient pu naître pendant une durée de trente ans, quelles qu'en fussent d'ailleurs la cause, la nature ou l'objet. Mais, malgré les instances de la Suisse, l'Union, même après le Congrès de Washington et l'engagement formel de l'article 19, n'a pas donné de réponse favorable, bien qu'elle eût transmis à Berne une copie du projet d'arbitrage pan-américain (1).

IV

Quoi qu'il en soit, l'idée mise en avant par la Conférence de Washington a eu un grand retentissement ; et, dès ce moment, le traité d'arbitrage permanent s'est imposé à l'attention publique. Alors que, jusque-là, il n'en avait été question que dans les rapports de peuples réunis par des affinités étroites, par exemple les peuples scandinaves (Congrès de la paix de Gothemburg de 1885), ou bien de ceux qui n'étaient séparés par aucune cause sérieuse de litige, notamment les puissances américaines en général et la France, l'Italie, l'Espagne, le Portugal, les nations scandinaves, la Suisse (Congrès interparlementaire de 1889 et 1900), depuis le Congrès de Washington, le mouvement s'est

(1) Conf. sur ce point le *Traité* précité *de l'Arbitrage*, § 206. Voir le rapport du Conseil fédéral à l'Assemblée fédérale dans le *Jovrnal de droit international privé*, 1885, p. 478.

généralisé au point qu'on est allé, au Congrès interparlementaire de Berne, en 1892, jusqu'à recommander
l'adoption du traité d'arbitrage permanent dans les
rapports de tous les Etats sans exception (1). L'idée
est excessive, car ce qui est possible dans les rapports
de certains Etats ne saurait, en l'Etat actuel des
choses, sans qu'on ait besoin d'y beaucoup insister,
constituer une mesure générale. Et l'on doit d'autant
plus se tenir en garde contre des tentatives impru-
dentes dont l'échec constituerait un insuccès regrettable de l'idée d'arbitrage, qu'on n'a pas pu encore
réussir à faire aboutir la stipulation dont s'agit entre
la Grande-Bretagne et l'Union américaine, que ne
divise pourtant, à l'heure actuelle, aucune opposition
irréductible de nature à faire oublier tout un passé
d'origine et de traditions communes, que le sang unit,
a-t-on dit, plus que l'Océan ne les sépare.

En juillet 1896, M. Olney, secrétaire d'Etat américain, et lord Salisbury, premier ministre britannique,
en signant l'accord qui mettait fin au conflit anglo-
vénézuélien (2), établirent le principe d'un traité d'arbitrage permanent dont le protocole fut arrêté le
12 janvier 1897. Le projet de traité, comprenant
quinze articles, était, il faut le reconnaître, extrême-
ment compliqué; il distinguait trois séries de questions
que devaient trancher trois catégories de tribunaux

(1) Conf. le *Traité de l'arbitrage*, § 207, et le *Temps* des 29 et
30 octobre 1892, relativement aux vœux émis par le Congrès de
jurisprudence qui a siégé en Espagne en 1892. Voir Trarieux, dans
la *Revue bleue* du 17 sept. 1892, et Langlade, *loc. cit.*, pp. 115 et suiv

(2) Conf., à ce sujet, l'article que nous avons publié dans la
Revue du Droit public et de la Science politique, 1896, t. V;
pp. 215 et suiv.

2

différents, savoir : 1° les réclamations pécuniaires n'excédant pas 100.000 livres sterling et n'ayant pas le caractère de réclamations territoriales ; 2° celles dépassant 100.000 livres sterling et tous les différends au sujet desquels l'un ou l'autre des litigants invoquerait des droits résultant d'un traité ou de toute autre cause, pourvu qu'il ne s'agît pas de réclamations territoriales ; 3° les difficultés ayant le caractère de réclamations territoriales (1).

On devait être nécessairement fort embarrassé pour distinguer ces diverses catégories les unes des autres, quand il faudrait établir nettement la juridiction compétente. On s'exposait par avance aussi à une série de discussions dont la perspective n'était pas précisément de nature à faciliter l'arbitrage. Les sénateurs hostiles au Président Cleveland encore en fonction mais qui allait quitter le pouvoir, ne manquèrent pas d'exploiter ces complications probables, dans le but de ne point laisser accomplir au premier magistrat de l'Union un acte susceptible d'être utilement exploité en faveur de son parti dans les élections imminentes. Ils critiquaient aussi le choix d'un monarque européen, comme arbitre intéressé ; ils affirmaient enfin que le projet était en opposition avec la doctrine de Monroë. Bref, bien que le successeur de M. Cleveland, le Président Mac-Kinley, se fût montrée favorable au traité, le Sénat fédéral fit subir à cet instrument diplomatique des mutilations successives telles qu'il finit par

______

(1) Voir cette *Revue.* année 1897, p. 663 ; conf. notre *Chronique internationale*, dans la *Revue de Droit public*, 1897, t. VIII, pp. 305 et suiv., et Pillet, dans la *Revue générale de Droit int. pub.*, 1897, pp. 418 et suiv., t. IV.

succomber sous les coups réunis des chauvins, ne voulant, à aucun prix, pactiser avec l'Angleterre, et des partisans de l'arbitrage eux-mêmes préférant le faire rejeter en bloc que de l'accepter ainsi défiguré (1).

Le dernier traité d'arbitrage permanent véritablement important, conclu dans les dernières années du dix-neuvième siècle, est le traité négocié et signé à Rome, le 23 juillet 1898, entre l'Italie et la République Argentine. Il se compose de quinze articles et soumet à l'arbitrage tous les litiges, quelles qu'en soient la nature et la cause, déjà existants ou qui viendraient à surgir entre les parties, si on n'a pu les vider amiablement par la voie diplomatique directe (2). Bien que passé avec une République sud-américaine, ce traité n'en a pas moins une grande importance, à raison du courant d'immigration de plus en plus considérable que l'Italie envoie dans l'Argentine et des difficultés auxquelles cette immigration peut donner lieu. On s'en rend compte, si l'on songe au conflit qui éclata, en 1885, entre l'Italie et la Colombie, à propos de l'affaire Cerruti, conflit dans lequel on eut recours aux mesures violentes avant d'en arriver à un arbitrage (3). Le tiers de l'immigration argentine, d'après Elisée Reclus, est composé d'Italiens, qui arriveraient même à une proportion de 70 p. 100, d'après M. Daireaux (4).

(1) Conf. notre *Chronique* précitée, dans la *Revue du Droit pu* loc. cit.

(2) Conf. la Revue : *l'Arbitrage entre nations.* N° de déc 1898 et *Revue générale de Droit intern. public*, 1898, p. 868.

(3) Cf. Bureau : *Le Conflit italo-colombien* (aff. Cerruti), 1899.

(4) Reclus, *Géographie universelle*, XIX, 758, et Daireaux, *la Vie et les mœurs à La Plata*, 1888.

V

Dès son début, le vingtième siècle a rendu hommage au mérite du traité d'arbitrage permanent. Par la Conférence pan-américaine de Washington de 1889-1890, dont il a été ci-dessus question, les Etats-Unis de l'Amérique du Nord avaient essayé de grouper tout le Nouveau-Monde dans une sorte de grande union pacifique dont ils seraient devenus les chefs, par la force même des choses. Les délégués des trois Amériques avaient élaboré des projets sur les points les plus divers : union douanière, voies de communication de tout genre, règlementation des droits de port, poids et mesures, questions sanitaires, monétaires, brevets d'invention, marques commerciales, extradition, banques, droit international et enfin paix et amitié générale. Il y avait là tout un plan colossal qui, s'il eût réussi, eût créé une véritable zollverein américaine dirigée par l'Union. Le Chili seul protesta contre ce qu'il considérait comme une tentative d'absorption trop manifeste, et, à la réflexion, les autres Républiques se cantonnèrent dans une prudente réserve qui explique probablement la non approbation des projet élaborés à Washington.

A la suite de la guerre hispano-cubaine, terminée par le traité du 12 août 1898 qui a enlevé à l'Espagne ses dernières colonies du Nouveau Monde (1), la péninsule a

(1) Conf. sur le traité et la situation respective qui en est résultée pour l'Espagne et les Etats-Unis, l'article que nous avons publié dans la *Revue du droit public et de la science publique* sous ce titre : *la Paix hispano-américaine*, 1899, t. XI, pp. 229 et ss.

cherché à reconquérir au point de vue commercial, industriel et économique l'influence d'autrefois. Les anciennes colonies de l'Amérique espagnole, n'ayant plus à redouter des tentatives de domination définitivement disparues, cherchant peut-être un contre-poids contre les tendances envahissantes de l'Union, se sont volontiers rapprochées du pays auquel les rattachent les souvenirs, la religion, les mœurs et le langage. Leurs sympathies restées à l'état plus ou moins vagues se sont précisées dans une démonstration grandiose de laquelle on a espéré beaucoup en Espagne, peut-être plus qu'il ne convenait. Au mois de novembre 1900 s'est tenu à Madrid un Congrès social et économique hispano-américain, groupant les délégués du Portugal et de l'Espagne réunis à ceux de l'Amérique latine, ces derniers venus en Europe à l'occasion de l'exposition universelle française de la même époque. Les points soumis à l'Assemblée étaient des plus divers et touchaient à la plupart des questions pouvant intéresser les rapports de l'Espagne et de ses anciennes colonies : jurisprudence, législation, économie publique, sciences, lettres et arts, enseignement, relations commerciales, moyens de transport, postes et télégraphes, expositions et banques, bourses et presse. Une section spéciale des résolutions votées par le Congrès concernait l'arbitrage et créait un tribunal international hispano-américain, auquel seraient soumises les questions devant surgir entre les Etats représentés comme aussi la saine interprétation des traités existants entre eux. Dans ce tribunal d'un caractère permanent, obligatoire et à compétence universelle, siègeraient des représentants de l'Amérique latine et de l'Espagne, dont les décisions seraient assurées par une sanction positive venant se joindre à l'engagement d'honneur contracté par toutes les nations signataires (1).

Jusqu'ici aucun traité ferme n'est venu sanctionner les projets du Congrès hispano-américain. Il a été affirmé, cependant, qu'au Congrès de Mexico tenu en octobre 1901 le représentant de l'Espagne aurait entamé des négociations fructueuses avec les délégués des républiques hispano-américaines et réussi à signer avec eux des conventions établissant l'arbitrage permanent dans les rapports de l'Espagne avec les républiques Argentine et dominicaine, la Bolivie, la Colombie, le Guatemala, le Mexique, le Paraguay et le Salvador. L'arbitre choisi serait soit le président d'une république hispano-américaine ou un tribunal composé d'Espagnols et d'Américains soit, à défaut, la Cour arbitrale de La Haye. Le Pérou, le Honduras, le Costa-Rica et le Venezuela auraient promis de signer des traités semblables à brève échéance (2). Nous ne savons ce qu'il y a de fondé dans cette information. En tout cas, le traité d'arbitrage permanent entre l'Espagne et le Mexique n'a été signé qu'à la date du 11 janvier 1902. Ce traité vise toutes les contestations n'affectant ni l'indépendance ni l'honneur national et institue les arbitres dont il nous a été parlé, savoir : un président de République hispano-américaine ou un

---

(1) Conf. l'étude détaillée que nous avons consacrée à l'*Union hispano-américaine de 1900* dans la *Revue du droit public*, 1901, t. XVII, pp. 310 et ss et p. 316. Conf. *l'Union Ibero-americana*, año XIV, n° 178, pp. 15 et ss.

(2) Voir *La Paix par le Droit*, 12ᵉ année, n° 4, avril 1902. Conf. *les Débats*, du 12 mars 1902.

tribunal d'espagnols et d'américains ou enfin la Cour arbitrale de La Haye (1).

Le Congrès de Mexico d'octobre 1901 se présentait comme un renouvellement de la conférence pan-américaine de 1889-90 ; on l'a appelée, en effet, la « *seconde conférence internationale américaine* » (2). Il a repris, dans une certaine mesure les errements de la Conférence de Washington et cherché à établir, entre autres dispositions communes, l'arbitrage permanent dans les rapports des Etats représentés. Cette fois encore, le Chili a fait une opposition tenace, et rien de bien pratique ne semble devoir sortir de cette seconde manifestation du pan-américanisme. En tout cas elle n'a point paru suffisante, au moins quant aux stipulations concernant l'arbitrage permanent à ceux qui y avaient été représentés, pour les empêcher de conclure entre eux les conventions particulières jugées nécessaires.

C'est ainsi que, le 29 janvier 1902, a été signé à Mexico, par les plénipotentiaires délégués à la seconde conférence internationale américaine, entre la République argentine, la Bolivie, la République dominicaine, le Guatemala, le Salvador, le Mexique, le Paraguay, le Pérou et l'Uruguay, un traité soumettant à l'arbitrage permanent de la Cour de La Haye toutes les difficultés ultérieures entre les contractants, qui n'affecteront ni l'indépendance, ni l'honneur national.

(1) *Revue générale du droit internat. public*, t. X, 1903, *Documents*, p. 14.

(2) Voir Alvarez : *L'histoire diplomatique des Républiques americaines et la Conférence de Mexico* dans la *Revue générale de droit int. public*, 1902, t. IX, p. 630.

Ce traité fort détaillé, en 22 articles, prescrit aussi le recours à la médiation et aux commissions internationales d'enquête organisées par le titre III de la convention de La Haye pour le règlement pacifique des conflits internationaux (articles 9 à 14) (1),

D'autre part, le 28 mai 1902, à la suite d'un conflit fort long au sujet de la délimitation de leur frontière sud, le Chili et la République argentine ont conclu un traité d'arbitrage général et permanent, en s'engageant à limiter leurs armements respectifs. Le traité comprend tous les conflits futurs qui éclateront entre les deux Etats, pourvu qu'ils ne touchent pas aux principes de la constitution de l'un ou de l'autre pays et qu'il ne s'agisse pas de régler la forme adoptée pour l'exécution des traités passés entre eux. La convention sur la limitation des forces navales est intéressante en ce sens que c'est la première tentative sérieuse qui ait été faite pour arriver à la limitation des armements. Elle a mis fin, entre les deux pays, dit M. David, « au régime de la paix armée, qui avait si longtemps annihilé leurs forces vives et arrêté chez eux toute activité et tout progrès » (2).

(1) *Revue générale du droit international public*, 1903, t. X ; *Documents*, pp. 15 et suiv.

(2) David, *Des traités d'arbitrage argentino-chilien* dans les *Questions politiques et coloniales*, 7ᵉ année, nᵒ 160, 16 octobre 1903, pp. 578 et suiv.

VI

Les grandes nations du continent européen allaient-elles suivre l'exemple cette fois encore donné par l'Amérique? On en pouvait douter, quand coup sur coup, à un mois de distance, la France s'est lancée résolument dans cette voie en concluant avec la Grande-Bretagne le traité d'arbitrage permanent du 14 octobre et avec l'Italie celui du 25 décembre 1903. Depuis longtemps, un fort mouvement de pacification s'était dessiné dans les rapports franco-anglais ; il était basé, non point uniquement sur le sentiment, ce qui aurait été une base bien fragile, mais encore sur une claire compréhension des intérêts des deux Etats. La France importe dans le Royaume-Uni une grande quantité de ses vins et de ses produits agricoles ; le marché anglais lui est donc précieux et les intérêts économiques sont ici parfaitement d'accord avec l'idée de paix. Et l'Angleterre, à son tour, n'a nullement intérêt à s'aliéner ceux dont elle est ainsi tributaire. Dans un rapport sur le mouvement économique du Royaume-Uni en 1900, M. Jean Périer, consul suppléant de France, a constaté que parmi les pays importateurs en Angleterre, la France vient immédiatement après les Etats-Unts et les colonies britanniques, avant l'Allemagne. Et il ajoute : « On ne voit pas bien ce que la France gagnerait à la diminution de la puissance d'achat de son meilleur, de son plus riche, de son plus fidèle client, d'un client qui, en 1900, lui a acheté pour plus d'un milliard 365 millions de marchandises (1). »

M. Barclay, ancien président de la Chambre de commerce britannique de Paris, avait mené depuis longtemps une campagne fort énergique en faveur du traité franco-anglais. Il avait trouvé une aide fort utile dans les efforts des parlementaires pacifiques français et anglais et principalement du groupe français, à la tête duquel est M. d'Estournelles de Constant. Les voyages successifs, en France et en Angleterre, des deux chefs d'Etat et des membres de la représentation nationale ont accéléré le mouvement et mené à bonne fin ce qu'avait déjà préparé en dessous main la diplomatie souple et clairvoyante de M. Delcassé, le traité signé à Londres à la date du 14 octobre 1903 par M. Cambon et lord Landsdowne.

Les rapports entre la France et l'Italie, restés longtemps plus que froids grace aux agissements de certains hommes d'Etat disparus, sont devenus aujourd'hui tout à fait cordiaux. MM. Delcassé et Prinetti, Barrère et le comte Tornielli ont, par leur action combinée, produit un rapprochement qui s'est traduit d'abord par la conclusion d'accords commerciaux importants et enfin par le traité d'arbitrage permanent signé à Paris le 25 décembre 1903 par le ministre français des affaires étrangères et l'ambassadeur d'Italie. Là encore, comme à

_____

(1) Consulter à ce sujet le rapport que nous avons présenté à la séance du premier Congrès national des Sociétés françaises de la paix tenu à Toulouse. *Compte rendu des travaux et délibérations du premier Congrès national des Sociétés françaises de la paix,* publié en 1903, p. 105.

l'égard de l'Angleterre, les faits économiques les plus récents confirment l'accord diplomatique. La Chambre de commerce italienne à Paris a fait connaître que du 1er janvier au 31 octobre 1902, le commerce franco-italien s'est élevé à 254.653.000 francs, dont 136.622.000 francs de marchandises françaises et 118.031.000 francs de marchandises italiennes. Et ces chiffres étaient en augmentation sur ceux des années précédentes. Ainsi, l'idée du rapprochement franco-italien n'existait pas seulement dans les chancelleries, mais encore dans le pays tout entier, comme l'a prouvé l'accueil enthousiaste fait à Paris au roi Victor-Emmanuel III et à la reine Hélène, accueil préparé en grande partie par la Ligue franco italienne ayant son siège central à Paris et étendant son action sur la province, grâce à la création de comités départementaux, dont le premier a été constitué récemment à Toulouse.

Les deux instruments diplomatiques qui consacrent sous la forme du traité permanent d'arbitrage l'entente cordiale, pour prendre l'expression devenue courante, entre la France, la Grande-Bretagne et l'Italie, sont absolument identiques ; nous les transcrivons en regard l'un de l'autre, afin qu'on puisse bien se rendre compte de cette complète similitude, qui va nous permettre de les réunir dans la même étude critique comparative.

Traité d'arbitrage permanent franco-anglais du 14 octobre 1903.

« Le gouvernement de la République française et le gouvernement de Sa Majesté britannique signataires de la Convention pour le règlement pacifique des conflits internationaux conclue à La Haye, le 29 juillet 1899 ;

Considérant que, par l'article 19 de cette Convention, les Hautes Parties contractantes se sont réservé de conclure des accords en vue du recours à l'arbitrage dans tous les cas qu'elles jugeront possible de lui soumettre ;

Ont autorisé les soussignés à arrêter les dispositions suivantes :

ARTICLE PREMIER. — Les différends d'ordre juridique ou relatifs à l'interprétation des traités existant entre les deux Parties contractantes, qui viendraient à se produire entre elle et qui n'auraient pu être réglés par la voie diplomatique, seront soumis à la Cour permanente d'arbitrage établie par la Con-

Traité d'arbitrage permanent franco-italien, du 25 décembre 1903.

« Le gouvernement de la République française et le gouvernement de Sa Majesté le roi d'Italie signataires de la Convention pour le règlement pacifique des conflits internationaux conclue à La Haye, le 29 juillet 1899 ;

Considérant que, par l'article 19 de cette Convention, les Hautes Parties contractantes se sont réservé de conclure des accords en vue du recours à l'arbitrage dans tous les cas qu'elles jugeront possible de lui soumettre,

Ont autorisé les soussignés à arrêter les dispositions suivantes :

ARTICLE PREMIER. — Les différends d'ordre juridique ou relatifs à l'interprétation des traités existant entre les deux Parties contractantes, qui viendraient à se produire entre elles et qui n'auraient pu être réglés par la voie diplomatique, seront soumis à la Cour permanente d'arbitrage établie par la Convention du 29 juillet 1899, à La

vention du 29 juillet 1899, à La Haye, à la condition toutefois qu'ils ne mettent en cause ni les ntérèts vitaux, ni l'indépendance ou l'honneur des deux Etats contractants et qu'il ne touchent pas aux intérèts de tierces Puissances.

Art. 2. — Dans chaque cas particulier les Hautes Parties contractantes, avant de s'adresser à la Cour permanente d'arbitrage, signeront un compromis spécial, déterminant nettement l'objet du litige, l'étendue des pouvoirs des arbitres et les détails à observer en ce qui concerne la constitution du Tribunal arbitral et la procédure.

Art 3. — Le présent arrangement est conclu pour une durée de cinq années à partir du jour de la signature.

Fait à Londres, en double exemplaire, le 14 octobre 1903 ».

CAMBON.
LANDSDOWNE.

Haye, à la condition toutefois qu'ils ne mettent en cause ni les intérèts vitaux, ni l'indépendance ou l'honneur des deux Etats contractants et qu'ils ne touchent pas aux intérèts de tierces Puissances.

Art. 2. — Dans chaque cas particulier, les Hautes Parties contractantes, avant de s'adresser à la Cour permanente d'arbitrage, signeront un compromis spécial, déterminant l'objet du litige, l'étendue des pouvoirs des arbitres et les délais à observer en ce qui concerne la constitution du Tribunal arbitral et la procédure.

Art. 3. — Le présent arrangement est conclu pour une durée de cinq années à partir du jour de la signature.

Fait à Paris, en double exemplaire, le 25 décembre 1903 ».

DELCASSÉ.
G. TORNIELLI.

VII

Le traité d'arbitrage permanent a, sur la clause compromissoire générale, cette grande supériorité d'accoutumer peu à peu les peuples à considérer l'arbitrage, non plus comme une chose accessoire et accidentelle, mais comme le mode normal de solution des conflits internationnaux. Or les institutions les plus résistantes sont, d'ordinaire, le résultat d'une longue évolution; l'éducation pacifique des nations doit donc se faire graduellement ; et quel meilleur procédé pourait-on employer à cet effet que celui qui, en regard de la force, place le droit comme règle dans la solution des conflits entre nations absolument comme entre les individus. Aujourd hui le droit international est considéré, d'un commun accord, comme une réalité indéniable : nul ne conteste ses principes dirigeants ; et pourtant la loi internationale est quelquefois violée. Mais la violation de la loi nationale se produit aussi et trop souvent entre les individus ; doit-on en conclure que cette loi nationale n'existe point ? Pourquoi donc admettre une autre conclusion relativement à la loi internationale ? Le raisonnement doit être le même dans les deux cas. Or cette loi internationale aujourd'hui unanimement admise, il a fallu de longs siècles pour la faire entrer dans les mœurs. Grotius y a travaillé le premier au dix-septième siècle et la plupart de ses contemporains ont du traiter sa conception de chimère, à supposer même qu'ils la connussent et lui fissent l'honneur de le

discuter. C'est l'avenir qui a rendu justice au fondateur
de la science du droit des gens et fait entrer dans la
pratique ce qui de son temps était théorie pure. Ce
qui manque encore aujourd'hui au droit des gens uni-
versellement reconnu dans son principe c'est la sanction pratique, la juridiction à compétence et à décision
obligatoires, à l'image des juridictions internes. C'est à
cette conception nouvelle que le traité d'arbitrage permanent habituera peu à peu les esprits, de façon
qu'elle paraîtra plus tard aussi naturelle que paraissent
naturelles aujourd'hui les propositions de Grotius. Un
haut magistrat français, mort naguère, qui s'était fait
une grande place dans la science du droit international et qui n'a jamais passé pour un utopiste, M. Des-
jardins, avocat général à la Cour de cassation, déplo-
rant l'échec de l'arbitrage obligatoire à la conférence
de la Paix a pu dire avec raison : « Ce qui importait
par dessus tout c'était de faire cette brèche dans l'an-
cienne loi des nations, de poser et d'imposer cette
maxime nouvelle : il y a des litiges internationaux
pour lesquels l'appel aux armes est désormais proscrit,
à propos desquels on ne se battra jamais sous aucun
prétexte... » (1) Ces paroles renferment la meilleure jus-
tification du traité d'arbitrage permanent. Ajoutons
que ce traité est, par la force même des choses, plus
étendu et plus explicite que la clause compromissoire au
sujet des voies et moyens d'organisation des compromis particuliers qui interviendront en exécution de ses
dispositions. Il consacre d'une façon plus solennelle et

_____

(1) *Compte-rendu de l'Académie des sciences morales et politiques*, 1899, p. 20.

plus définitive le recours à la voie pacifique dont la valeur est ainsi mise en relief d'une façon plus significative à raison de cette circonstance que les parties ont jugé à propos d'en faire l'objet d'un acte spécial.

Ainsi le traité d'arbitrage permanent apparaît à notre époque comme le résultat extrême de cette poussée pacifique dont nous parlions au début de ce travail, qui, n'ayant pu réussir par ailleurs, a trouvé en lui son expression la plus intense, la seule qui puisse être avec succès préconisée en l'état actuel de la Société internationale par tous ceux qui se placent en face de la raison et non du sentiment. Il n'y a point là seulement une mode comme on l'a dit quelquefois (1), un snobisme, un engouement, un ferment passager, une fantaisie d'un jour, mais la manifestation très réfléchie et très heureuse de cette tendance instinctive vers la paix qui agit inconsciemment sur l'être humain, même dans les temps les plus belliqueux et les plus troublés. Il importe peu, pour qui va au fond des choses et qui sait voir au-delà des expériences présentes, que les effets du traité d'arbitrage permanent n'aient point été absolument heureux pour tous ceux qui en ont fait usage en espérant plus qu'il ne pouvait donner, par exemple pour les petits états américains qui ont eu recours sans trop en calculer la portée exacte, cherchant en lui, d'une façon plus ou moins consciente, la réalisation de leurs aspirations vers un fédéralisme capable de leur donner cette vie vraiment nationale, ce lien interne, cette cohésion nécessaire, sans lesquels

(1) Conf. les appréciations de M. Abrami dans cette *Revue*, 10ᵉ année, t. XXXVIII : *Le traité d'arbitrage du 14 octobre 1903 et les relations franco-anglaises*, pp. 535 et ss.

ils se débattront fatalement dans des luttes intestines, de nature à rendre indéfiniment impossibles, si elles ne cessent d'une façon ou d'une autre, tout progrès et tout relèvement social. On remarquera, du reste, que, tout en se liant par des traités d'arbitrage permanent, les petites républiques américaines ont aussi essayé de se grouper en fédération, afin d'essayer de constituer au-dessus d'elles un pouvoir pondérateur assez puissant pour assurer l'ordre et empêcher les stériles rivalités de la politique personnelle (1).

Mais si l'arbitrage permanent n'était pas capable de fournir aux républiques américaines cette panacée universelle qu'elles espéraient, à tort, rencontrer en lui, il pouvait tout au moins leur procurer les avantages spéciaux qui ont été ci dessus exposés. S'il ne les a point réalisés en leur faveur, ce n'est pas à lui qu'il faut s'en prendre, mais à la constitution même des organisations politiques Sud et Centre américaines, constitution foncièrement troublée, essentiellement instable, où l'arbitrage n'a pu prendre utilement racine. Et, dès lors, il serait profondément injuste de conclure d'insuccès malheureux, dus uniquement au milieu spécial où ils sont advenus, à l'inefficacité absolue d'une

---

(1) Les principales tentatives récentes de fédération se sont produites entre les républiques Sud et Centre-Amérique, dans les traités suivants : 4, 7, 20 octobre et 29 décembre 1894, entre le Honduras et le Nicaragua ; des 2 mars et 1er mai 1895, entre le Houduras et le Guatemala ; du 19 janvier 1895, entre le Honduras et le Salvador. Un traité du 20 juin 1895 créait la « plus grande république du Centre-Amérique », entre le Honduras, le Nicaragua et le Salvador. Enfin, on peut signaler un projet de 1902 fédérant le Salvador, le Honduras, le Costa-Rica et le Guatemala. Aucun de ces traités ou projets n'a abouti à des résultats pratiques.

institution susceptible de produire d'excellents résultats dans un milieu plus favorable.

VIII

Les avantages du traité d'arbitrage permanent mis en lumière, examinons maintenant les griefs que l'on peut articuler contre lui, spécialement contre les accords franco-anglais et franco italien. Nous pourrons ainsi, après une rapide analyse de ces deux instruments diplomatiques, en arriver à une théorie d'ensemble permettant de préciser ce que doit être, à notre époque, l'institution juridique qui acquiert décidément droit de cité dans l'Ancien aussi bien que dans le Nouveau Monde.

Le texte des deux accords débute par un rappel de l'article 19 de la Convention de La Haye du 29 juillet 1899 sur le règlement pacifique des conflits internationaux, texte par lequel les puissances se réservent de conclure des accords généraux ou particuliers, en vue d'étendre l'arbitrage obligatoire à tous les cas qu'elles jugeront possible de lui soumettre. C'est donc de la Convention pacifique de La Haye que procèdent les accords franco anglais et franco-italien; tout naturellement, par suite, c'est la Cour arbitrale instituée par les articles 20 et suivants de la même convention qui s'imposait.

Il semblait que, jusqu'ici, la Cour arbitrale de La Haye eût été systématiquement délaissée par les puissances qui l'avaient instituée. L'opposition que l'Allemagne avait faite, à La Haye, au mécanisme nou-

veau (1), paraissait se continuer ; et, notamment, lors
des affaires du Venezuela, le cabinet de Berlin, que
secondait celui de Londres, s'est efforcé de substituer
à la Cour le président de l'Union américaine. Encore,
sur le refus de celui-ci, n'a-t-on apporté à la Cour
qu'une partie du litige. Néanmoins, cette Cour avait
été déjà choisie dans des arbitrages isolés, tels que
celui des *Fonds pieux de Californie* (2). Mais il lui
manquait la consécration du traité d'arbitrage permanent, qui lui a été donnée pour la première fois en
Amérique, dans le traité du 29 janvier 1902, signé à
México par les plénipotentiaires délégués à la seconde
conférence internationale américaine, dont il a été
question ci-dessus. Les accords de 1903 donnent eux
aussi compétence exclusive à la Cour arbitrale.

Si le choix de cette Cour apparaît comme tout indiqué, on ne s'explique pas, au contraire, le défaut de
renvoi aux articles de la Convention de La Haye relativement à la constitution du tribunal arbitral devant
statuer dans chaque espèce, et à la procédure à suivre
devant lui ; on s'explique moins encore l'exclusion de
ces textes, que semble bien consacrer l'article 2 des
accords que nous étudions. Il y est dit, en effet, que,
dans chaque cas particulier, les parties, avant de
s'adresser à la Cour permanente, signeront un compromis déterminant nettement « les détails à observer
en ce qui concerne la constitution du tribunal arbitral

(1) *Conférence de la Paix*, § 160.

(2) Conf. sur cette affaire l'article publié par M. L. Renault, dans
les *Annales des Sciences politiques*, sous ce titre : *Un Premier
litige devant la Cour arbitrale de La Haye*, numéro du 15 janvier 1903.

et de la procédure ». Faut il entendre, par là, qu'on entend écarter formellement les articles 24 concernant la constitution du tribunal, et 30 et suivants, relatifs à la procédure ? L'article 2 paraît le supposer, car s'il avait considéré le renvoi comme s'imposant, il se serait borné à le prescrire purement et simplement, au lieu de préciser que le compromis déterminerait, dans chaque cas, les détails concernant ces deux points. En ce qui concerne la composition même du tribunal, il y aurait, dans cette interprétation du texte précité, une inexactitude évidente. En effet, si les parties s'adressent à la Cour, comme le leur prescrivent les accords de 1903, elles sont obligées, par la force même des choses, de suivre les prescriptions de l'article 24, car la Cour arbitrale consiste en une liste pure et simple de personnes remplissant les conditions voulues par l'article 23, et choisies par les puissances, au nombre de quatre au plus pour chacune d'elles. Quand un litige s'élève, ce n'est pas à cette *Cour*, mais bien au *tribunal* choisi dans son sein suivant un mode établi par l'article 24 que l'on s'adresse. Donc, lorsqu'on dit qu'on va devant la Cour arbitrale, on se sert d'un terme inexact ; en réalité, on va devant le tribunal choisi dans la liste des membres de la Cour, suivant le prescrit de l'article 24 (1). Il est vrai que l'article en question suppose qu'on agit ainsi seulement à défaut de constitution du tribunal par l'accord immédiat des parties sur le nom des arbitres ; et, peut-

---

(1) Voir sur les détails du fonctionnement de la Cour et du tribunal, ainsi que des organismes qui les entourent, la *Conférence de la Paix*, §§ 174 et suiv.

être, est-ce là ce qu'on entend par *les détails de la constitution du tribunal*. En tous cas, au point de vue de la terminologie, il était inutile de rien ajouter à l'obligation de s'adresser à la Cour de La Haye, puisque les textes établissant cette Cour visent aussi bien le cas où les parties se seront mises d'accord directement sur le choix des arbitres, que le cas contraire.

Quant à la procédure, étant donné que le compromis doit l'instituer dans chaque cas suivant le même article 2 des accords de 1903, excluera t-on tout le chapitre III du titre IV qui la règle minutieusement dans ses articles 31 à 57 ? Il aurait été alors bien inutile de légiférer aussi longuement à La Haye. D'autant plus que les dispositions contenues dans le chapitre en question sont en somme fort acceptables et reflètent les idées qui étaient admises couramment chez les juristes avant la réunion de la conférence de la Paix (1). Nous ferons exception seulement pour quelques points et notamment pour la question de la revision des sentences, qui nous paraît avoir été résolue d'une façon tout à fait insuffisante par l'article 55 : nous avions voulu voir consacrer, en cas d'erreur toujours possible des premiers juges, l'institution de l'appel porté, dans un délai et avec des formes déterminées devant de nouveaux juges choisis dans la liste arbitrale, en nombre inférieur, de sept par exemple, puisque le nombre de cinq est celui de la première instance (2). Les accords franco-anglais et franco-italien auraient donc dû statuer, d'après nous, sur cette importante question de l'appel, qui donnera

(1) Voir sur cette procédure la *Conférence de la Paix*, aux §§ 174 et ss.

(2) *Conférence de la Paix*, §§ 185 et ss.

lieu à bien des difficultés si une partie vient à contester le bien fondé de la sentence des premiers juges. Mais, avec cette adjonction, le renvoi à l'ensemble de la procédure votée à La Haye s'imposait. Si, en effet, soit le compromis, soit les arbitres par délégation, règlent la procédure, des lacunes pourront se produire, graves surtout dans le cas où c'est le compromis qui légifère, puisque les arbitres, en dehors de ses dispositions, n'ont aucun pouvoir. Il est donc préférable de promulguer un véritable code de procédure arbitrale internationale, à l'image de ceux qui existent dans les droits nationaux ; et, quand on le possède, est-il tout indiqué de s'en servir. Voilà pourquoi, loin d'approuver l'article 30 de la convention pacifique de La Haye, suivant lequel les règles de procédure adoptées par les puissances ne sont applicables que si les parties ne sont pas convenues d'autres règles, nous aurions voulu, au contraire, voir imposer en tout cas la procédure votée à La Haye devant le tribunal issu de la cour arbitrale. Si on conçoit que la controverse puisse s'élever sur le point de savoir si le recours à l'arbitrage sera obligatoire ou non, les hésitations ne se comprennent plus quand il s'agit de simples règles de procédure simplement conservatoires du droit des parties, et qui, pour ce motif, doivent être aussi nettement tracées et suivies que possible. Le règlement dressé à La Haye par des hommes compétents à la fois au point de vue juridique et diplomatique, inspiré des précédents les plus autorisés et répondant aux nécessités théoriques et pratiques, paraissait donc devoir être déclaré obligatoire ; et, en l'établissant facultatif, les délégués ont été sans doute influencés par une fausse et regrettable assimilation entre le fond et la forme (1). En somme, dans les accords de 1903, il n'y avait pas plus à parler de la procédure que des détails de la constitution du tribunal : ou, si l'on en avait parlé, il aurait fallu, en réglementant l'appel, faire, pour le surplus, un renvoi pur et simple aux articles 31 et suivants de la convention de La Haye.

IX

Les accords franco-anglais et franco-italien écartent de leur sphère d'application les différends *d'ordre politique* ou mettant en cause les *intérêts vitaux, l'indépendance et l'honneur* des contractants, ainsi que *les intérêts des tierces puissances*. La dernière restriction aurait été absolument inutile, si l'on avait parlé des *droits des tierces puissances*, car un contrat, aussi bien en droit privé qu'en droit public, ne saurait ni profiter ni nuire aux tiers : « *res inter alios acta aliis neque nocet neque prodest* ». A propos d'intérêts, la réserve paraît plus naturelle : dans les questions coloniales, par exemple, s'agissant de la zone de l'*Hinterland* ou de la sphère *d'influence*, il convient de ménager les susceptibilités des grandes puissances toutes plus ou moins mêlées au grand mouvement africain ou asiatique. Voilà pourquoi, dès avant la conclusion des accords de 1903, nous réclamions l'insertion d'une « clause formelle exceptant de l'arbitrage

---

(1) Citation de notre ouvrage de la *Conférence de la Paix*, § 170. Conf. notre article sur le *Traité d'arbitrage franco-anglais* dans la *Revue générale de droit international*, t. X, 1903, p. 809.

les cas où les intérêts de tiers seraient en jeu » (1). Il sera toujours facile, du reste, avant de consentir le compromis, d'agir officieusement auprès de ceux des non-contractants que l'on comprend être intéressés dans l'affaire, pour savoir s'ils n'élèvent point d'objection. et, s'ils en élèvent, pour tâcher de se mettre préalablement d'accord.

Les traités que nous étudions, visant seulement les questions *juridiques*, excluent par là même, comme nous l'avons dit les questions *politiques*. Les auteurs (2) ne sont pas, en général, très nets relativement à ce qu'il faut entendre par là ; l'on pourrait multiplier leurs citations sans résultat appréciable, car ils ne précisent pas le point essentiel : en quoi la difficulté politique diffère de la difficulté juridique. Et l'on conçoit qu'ils aient hésité à se lancer dans des définitions qui risquaient de ne point donner de résultat satisfaisant. Le droit, en effet, pénètre de plus en plus ce que l'on considérait autrefois comme le domaine exclusif de la politique, c'est-à-dire ces questions à propos desquelles l'on se décide plutôt par des considérations d'intérêt national,

---

(1) Enquête sur le projet de traité anglo-français dans la *Revue des questions diplomatiques et coloniales*, 7ᵉ année, 1903, p 373.

(2) Conf. not. Geffeken, *Le droit internat. de l'Europe*, de Heffter, traduction Bergson, 4ᵉ édition française de Geffeken, 1883, § 108, p 236, note 3 ; Despagnet, *loc. cit.*, § 709 ; Bonfils-Fauchille, *loc. cit.*, § 946 ; De Martens, *Traité de droit international*, traduction française Léo, 1887, § 104, *in fine*. M. Goldschmidt n'est pas plus clair dans son : Projet de règlement pour tribunaux internationaux présenté à l'Institut de droit international à la session de Genève en 1874 : *Revue de droit internat. et de législat. comp.*, 1874, pp. 422 et ss. Et M. Abrami avoue qu'il est difficile de définir d'une manière absolue les différends d'ordre juridique, *loc. cit.*, p. 548.

de salut public que par application des principes de
la justice immanente ; et l'on peut affirmer sans hésitation que, grâce à cette pénétration des idées de droit
et d'équité dans les rapports des nations, nombre de
points, qui, jadis, auraient sûrement été envisagés
comme politiques, seraient susceptibles, au contraire,
de nos jours, dans l'opinion commune, d'être soumis à
un jugement arbitral.

Au surplus, au lieu de chercher des définitions plus
ou moins problématiques, mieux est d'examiner ce que
l'on entend en fait par les questions politiques. On est
d'accord, en général, pour y faire rentrer les différends
intéressant l'honneur et la dignité d'un pays, son existence, son intégrité et son indépendance. Ce sont là
les principales questions politiques qui méritent bien
cette dénomination, car suivant l'étymologie même
du mot, elles touchent à la substance de l'Etat ; et
il est permis, semble-t-il, de négliger les autres qui
pourraient être découvertes après des recherches peut-
être laborieuses, puisque, ainsi que nous l'avons pré-
cisé plus haut, elles s'adapteraient bien plus facilement
qu'autrefois à un jugement arbitral. Or, suivant l'opinion courante, les compromis dans lesquels seraient en
jeu l'un quelconque des intérêts vitaux d'un pays ci-
dessus énumérés, seraient frappés d'une nullité sem-
blable à celle qui atteindrait la renonciation conven-
tionnelle par un particulier à l'un des droits primordiaux
de l'homme, tel que la liberté individuelle. On a ajouté
qu'il serait impossible à un Etat, alors même qu'il le
voudrait, d'accepter un arbitrage sur une des questions
vitales dont s'agit. La pression de l'opinion publique,
le sentiment de l'amour propre national exerceraient

une telle influence que le gouvernement qui signerait le compromis risquerait de crouler sous la tempête populaire (1). Les accords de 1903 visent tous ces points sous la rubrique générale de *intérêts vitaux* et en font immédiatement l'application à l'*indépendance* et à l'*honneur* des contractants. Nous pouvons nous limiter à ces deux énonciations, qui, du reste, sont absolument compréhensives, car une atteinte à l'existence ou à l'intégrité emporte naturellement perte totale ou partielle de l'indépendance. Examinons donc quel jugement il convient de porter en ce qui concerne les restrictions apportées par les accords de 1903 à la généralité dutraité d'arbitrage permanent.

X

L'un des représentants de l'Angleterre, au traité de Washington de 1871, d'où sortit l'arbitrage de l'Alabama, sir Staffort Northcote, dont l'idée est approuvée par deux juristes renommés, MM. Bulmerinq et Kamarowski, disait que la plupart des guerres ont pour cause le sentiment de la dignité nationale mal entendu. Il ajoutait que : « l'honneur d'une nation ne consiste pas en ce qu'elle ne se considère jamais comme ayant tort, mais en ce qu'elle cherche en tout l'équité, reconnaisse le droit de son prochain par rapport à elle et qu'elle fasse, même quand il y a doute, plus qu'une

---

(1) Conf. notre *Traité de l'arbitrage international*, au § 182. Consulter les citations détaillées, que nous ne pouvons reproduire au texte, des auteurs qui écartent les *intérêts vitaux* de la sphère d'application du compromis.

stricte justice ne le lui prescrit, en décidant plutôt contre elle qu'en sa faveur ». Et M. le recteur Mézières fait observer qu'il n'y a rien de plus élastique et qui prête plus à la diversité des interprétations que les questions de dignité et d'honneur, qu'il suffit d'un incident secondaire, de la maladresse d'un agent diplomatique ou même de la pétulance d'un journaliste pour déchainer le fléau de la guerre. Voilà pourquoi il conseille spirituellement de ne jamais séparer l'honneur national de l'intérêt national, car « la considération de l'intérêt, est un principe sérieux qui calcule les frais et les conséquences, et, réfléchissant avant de s'exposer dans la guerre, s'arrête à temps » (1). Ces idées ont frappé bon nombre d'auteurs, même de ceux que l'on ne peut pas absolument appeler des pacifiques à tout prix (2). Autrefois, la guerre éclatait pour le plus futile des motifs, pour les questions de préséance, par exemple; telles celles décrites humoristiquement par le bon abbé de Saint-Pierre, dans ses *Annales*, questions qui, en 1662, faillirent provoquer les hostilités entre la France, l'Espagne et le Pape (3). De nos jours les conflits ayant trait à l'honneur et à la dignité sont envisagés d'une façon plus calme et l'on se demande vraiment qui

(1) *De la polémomanie ou folie de la guerre*, 1872, pp. 137 et 138.

(2) Kamarowski, *Le Tribunal international*, traduction française, Serge de Westman, 1887, p. 320; de Laveleye, *Des causes de guerre en Europe et de l'arbitrage*, pp. 191 et 197; Pradier-Fodéré, *loc. cit.*, t. VI, § 2629; Paley, *Moral and political philosophy*, II, p. 424; Langlade, *Thèse* précitée, pp 172 et s. Conf. l'opinion que nous avons soutenue dans le *Traité de l'arbitrage*, §§ 184 et s., et dans la *Conférence de la paix*, § 145.

(3) de Molinari, *L'Abbé de Saint-Pierre, sa vie et ses œuvres*, pp. 318 et s.

oserait assumer la responsabilité d'hostilités entreprises
sur un aussi vain prétexte? Il faudrait, pour en arriver
là, un de ces outrages sanglants, sous lequel se dissimu-
lerait une autre cause inavouée de guerre. Mais, si l'on
écarte cette extrémité, si l'on songe aux simples frois-
sements d'amour-propre fréquents dans la vie internationale comme dans celle des particuliers, on se
demande pourquoi l'on ne soumettrait pas les griefs
d'un Etat contre un autre à l'un de ces jurys d'honneur auquel les individus sensés, à défaut du duel,
ont volontiers recours. Comment priserait-on l'honneur de l'Etat, qui est, en somme, l'honneur collec-
tif, plus que le particulier le plus chatouilleux sur
ce point ne prise son honneur personnel ? Nous
croyons donc qu'on aurait pu, sans inconvénient, écarter des accords de 1903 la réserve concernant l'honneur, réserve qui ne figure pas dans tous les traités
d'arbitrage, et qui, par exemple, est absente du projet
franco-américain de Washington de 1890 et du traité
italo argentin du 23 juillet 1898, tous actes dont il a
été question ci-dessus.

En ce qui concerne l'indépendance, nous avons soutenu ailleurs la même thèse, en faisant remarquer que,
pour les petits Etats dont l'indépendance est menacée
par de plus forts, il est à craindre qu'ils ne trouvent
pas d'arbitres, même s'ils en réclament, comme cela
est arrivé au Transwaal vis-à-vis de la Grande-Bretagne. Nous avons ajouté que, dans les rapports des
grandes puissances munies de forces également redou-
tables et redoutées, l'atteinte à l'indépendance ne
sera jamais le but direct et immédiat d'une guerre
entreprise pour ce motif, mais résultera, au contraire,

d'hostilités basées sur des prétextes futiles ou spécieux, dont l'arbitrage ferait éclater le néant au grand jour (1). Toutefois, nous reconnaissons qu'en l'état actuel des choses l'acceptation de cette idée paraît à peu près impossible, et, tenant compte des faits avec lesquels il faut vivre, nous admettrions la réserve jusqu'au jour où l'opinion publique, éclairée sur ses véritables intérêts et rassurée par une longue pratique de la juridiction de La Haye, se rangerait elle-même à la thèse de principe que nous avons défendue. Mais, en acceptant l'insertion de la réserve relative à l'indépendance, nous estimons qu'il y aurait lieu, dans ce cas, de rendre obligatoire le recours à la médiation à défaut de l'arbitrage. Le médiateur, en effet, ne rend pas un jugement dont l'exécution s'imposera comme en matière d'arbitrage, car, à la différence de l'arbitrage, qui a autorité définitive de chose jugée, la médiation est un simple conseil essentiellement facultatif, et, par suite, se conçoit très bien dans les cas où un Etat ne croira pas un arbitrage possible (2). Ainsi, en 1884, le gouvernement espagnol ayant eu à se plaindre des incursions des sujets marocains contre la place de Ceuta, la France et l'Angleterre offrirent leur arbitrage. L'Espagne le refusa, s'agissant, suivant elle, d'atteintes

(1) Voir l'article publié par nous dans la *Revue générale de droit international public*, sur le traité d'arbitrage franco-anglais, t X, 1903, pp. 805 et s. Voir, pour plus de détails, notre *Traité d'arbitrage* aux §§ 188 et s , et la *Conférence de la paix*, §§ 145 et s.

(2) Consulter sur le caractère opposé de la médiation et de l'arbitrage le *Traité de l'Arbitrage*, §§ 151 et s., et la *Conférence de la paix*, §§ 128 et s.

portées à sa dignité et à son honneur ; mais elle accepta une médiation qui ramena la bonne harmonie (1).

Signalons, enfin, deux mentions inutiles dans les accords que nous étudions. Il y est parlé des différends d'ordre juridique ou relatifs à l'exécution des traités. Or, de deux choses l'une : ou cette exécution entraînera des difficultés d'ordre juridique, et, dans cette hypothèse, la répétition est évidente ; ou bien il s'agira de difficultés d'ordre politique, auquel cas on n'a point à en parler, puisque leur exclusion est de droit, étant donné que le caractère juridique fait défaut. Il était également superflu de mentionner qu'on aurait recours à l'arbitrage dans l'hypothèse où la voie diplomatique aurait échoué. C'est là une formule banale qu'on devrait omettre une fois pour toutes. Il est bien évident, en effet, qu'avant de recourir au juge, les Etats, comme les particuliers, tâchent de se mettre préalablement d'accord ; le procès est la suite du défaut de conciliation.

Les traités franco-anglais et franco-italien sont limités à une durée de cinq ans ; nous n'y voyons aucun inconvénient, car l'Europe, peu habituée à la stilation nouvelle, doit la voir à l'œuvre durant un temps d'épreuve, avant de l'adopter définitivement. Seulement, nous aurions voulu qu'on insérât une clause toute naturelle, la clause de *tacite reconduction*, qui figure dans un certain nombre de traités temporaires, clause en vertu de laquelle le traité reprend de plein droit pour une nouvelle période s'il n'est pas dénoncé avant l'expiration de la première, et ainsi de suite

(1) Voir notre *Traité de l'Arbitrage*, § 161.

indéfiniment, tant qu'il reste en harmonie avec les rapports internationaux des contractants.

XI

Telles sont les remarques générales que les traités permanents d'arbitrage de 1903 suggèrent à l'esprit. Est-il maintenant quelque point spécial qui puisse être indiqué vis-à-vis de l'un ou de l'autre séparément? Nous n'en voyons point pour l'Italie ; au contraire, il en est deux qui nous paraissent fort importants à signaler relativement à la Grande-Bretagne. On remarquera, tout d'abord, que les deux accords ne virent que les difficultés futures ; le texte est formel, et une note d'allure officieuse, communiquée à la presse quelques jours avant la publication du traité franco-anglais, exposait que les difficultés antérieures feraient l'objet de négociations entre les gouvernements intéressés (1). Or, ces difficultés sont graves ; par exemple, en Egypte, au Maroc, à Terre-Neuve, aux Nouvelles-

(1) Conf. Dupuy, dans le *Correspondant* du 1ᵉʳ nov. 1903. Des doutes sur la non rétroactivité ont été élevés par M. Jaray : *Le traité d'arbitrage franco anglais* dans les *Questions diplomatiques et coloniales*, 1903, 7ᵉ année, p. 661, et Abrami, *loc. cit.*, p. 549. Dans les premiers jours de janvier 1904, le correspondant parisien du *Times* lui télégraphiait ce qui suit : « On est en droit de s'attendre à ce que la conclusion de l'accord d'arbitrage anglo-français soit suivie rapidement du règlement définitif de quelques-unes des questions importantes qui avaient contribué pendant un si grand nombre d'années à enlever aux relations anglo-françaises ce caractère de cordialité qu'elles ont repris. » Conf. l'opinion émise à ce sujet par M. Deloncle, dans l'enquête précitée, de la *Revue des Questions diplomatiques et coloniales*, pp. 12 et 179.

Hébrides, à propos du Niger-Tchad (1), nous n'avons pas une situation nette, loin de là, avec notre co-contractant. N'aurait-il pas été prudent d'effectuer, avant le traité d'arbitrage, les négociations dont on a parlé comme devant intervenir ultérieurement? Il n'entre nullement dans notre pensée de pronostiquer dans quel esprit ces négociations devraient être conduites, de discuter, entre autres choses, si un protectorat sur le Maroc nous indemniserait suffisamment de la main-mise sur l'Egypte, si le *French-Shore* de Terre-Neuve se prêterait à un rachat de nos droits? Tout ceci concerne la diplomatie qui, peut-être, n'a pas encore pris parti elle-même. Nous nous bornons à répéter que, puisque l'on se proposait de négocier après, il aurait mieux valu négocier avant. Vis-à-vis de l'Italie, nous n'avons aucun de ces points douteux ; nos relations peuvent donc s'établir nettement sur le pied pacifique sans nécessité d'aucune liquidation relativement au passé.

Il convient, en second lieu, d'insister sur la situation toute spéciale que ses nombreuses et immenses colonies font au Royaume-Uni, situation unique au monde et qui mérite particulièrement d'éveiller l'attention de ceux qui traitent avec lui. Dans notre ouvrage sur la *Conférence de la Paix*, déjà cité au cours de ce travail (2), nous avons écrit ce qui suit : « Il reste, sur la question de la représentation des Etats à la Conférence, à parler de la situation spéciale de l'Angleterre à raison de son vaste domaine colonial. On a

(1) Voir, à ce dernier point de vue, les irtéressants détails que donne M. Abrami, *loc. cit* , p. 546.

(2) Conf. le § 9.

fait observer que si la Grande-Bretagne avait été représentée à La Haye, il ne paraissait pas en être ainsi de l'Empire britannique. Le Canada, le Cap, l'Australie sont unis à la métropole par un lien plus fictif que réel, de loyalisme plutôt que de sujétion véritable ; en sorte qu'il est permis de se demander ce que deviendraient, pour les colonies anglaises, les engagements contractés par le cabinet de Londres, si leur intérêt était en sens opposé. La réponse est facile et l'expérience ne montre que trop quel serait le sort de ces engagements. Il y a quelques années, le 11 mars 1891, l'Angleterre signait un traité d'arbitrage au sujet de difficultés de pêcheries intéressant Terre-Neuve (1) ; mais, sous la pression du parlement local, l'arbitrage n'a jamais eu lieu et n'aura pas lieu. Plus récemment, elle avait proposé de régler par un nouvel arbitrage la question de la frontière de l'Alaska, pendante entre le Canada et les Etats-Unis d'Amérique ; et l'opposition du Canada a fait rejeter un accord sur lequel les cabinets de Londres et de Washington paraissaient déjà s'être entendus. » — Il est vrai que, depuis, on a convenu de s'en rapporter à une commission mixte, à raison de trois juges par chaque partie ; mais on va voir un peu plus bas que la sentence intervenue a accentué encore les tendances séparatistes. — « Dans la colonie du Cap, lors de la guerre anglo-boer, des sympathies non dissimulées se sont produites en faveur du Transvaal, contre la politique du ministre des colonies. Donc, en dépit des obligations contractées par la Grande-Bre-

---

(1) Voir à ce sujet notre *Traité* précité de l'*Arbitrage*, §§ 136 et suivants.

tagne, ses colonies pourraient fort bien se considérer comme n'étant pas liées par la signature donnée à La Haye ; et l'on imaginerait même assez facilement telle ou telle hypothèse où la métropole aurait un intérêt à les pousser dans cette voie. Dès lors, il semble que la question aurait dû se poser dès l'ouverture de la Conférence, afin d'amener le Royaume-Uni à donner sur ce point aux autres puissances les explications et, le cas échéant, les garanties nécessaires. »

Nous avons reproduit ces craintes dans l'enquête sur le projet d'arbitrage permanent franco-anglais, ouverte en 1903 dans la *Revue des Questions diplomatiques et coloniales* (1) ; et, après avoir rappelé l'exemple de Terre-Neuve, nous ajoutions . « Si la Grande-Bretagne seule signe le traité d'arbitrage permanent, quelle garantie aurons-nous vis-à-vis des colonies britanniques, retenues à peine encore par le lien, plus apparent que réel du loyalisme, lien qu'elles n'hésitent pas à répudier toutes les fois que leur intérêt est en jeu ? » Le nouvel exemple du Canada est venu, fort à propos, fortifier cette assertion. Appréciant la sentence du 20 octobre 1903 dont il a été ci-dessus question, le premier ministre canadien, Sir Wilfrid Laurier, a textuellement déclaré au Parlement du Dominion, qu'il regrettait vivement de n'être à la tête que *d'une colonie, non d'une nation*, et de n'avoir pas une « *convention qui permît au Canada de faire ses affaires lui-même* ». De là à rejeter, le cas échéant, un nouveau traité lésif pour le Canada, bien que définitivement conclu par la Métropole, comme a fait Terre-Neuve,

(1) *Loc. cit* , p 371.

il n'y a qu'un pas qui serait probablement vite franchi sans hésitation. Voilà pourquoi nous demandions, dans notre contribution à *l'enquête* précitée, que l'on prît des précautions particulières, étant donnée cette situation, précautions consistant soit à ne pas comprendre les questions coloniales dans le traité, soit à entourer le jugement à intervenir à cet égard de garanties spéciales. Cela signifiait ou qu'il ne fallait pas englober ces questions dans la convention à intervenir, ou que, si on les y faisait rentrer, les colonies britanniques devraient être, elles aussi, parties à la convention, ce qui, du reste, n'aurait point été anormal dans leur manière d'être, car, bien que ne constituant pas des Etats, elles ont cependant pris part à certaines conventions internationa'es. Le Canada, l'Australasie, le Cap, l'Empire des Indes ont, par exemple, accédé à l'Union postale universelle et sont représentés dans les Congrès internationaux de cette Union par leurs propres délégués, et non par ceux de la Métropole. Dans le magnifique discours qu'il a prononcé à la Chambre des députés dans la séance du 19 novembre 1903, à propos de la discussion générale du budget des Affaires étrangères de l'exercice 1904, M. Paul Deschanel, en rapportant le passage qui précède, se faisait, avec sa haute autorité, l'interprète des craintes provoquées par la situation dont nous venons de parler. « Vous savez, ajoutait-il, combien les interventions, très rares, du reste, de l'Angleterre dans les affaires de ses colonies, sont mal accueillies par elle : il faudrait savoir ce que deviendraient, pour les colonies, les engagements contractés par la Métropole, si leurs intérêts et leurs passions ne s'en accommodaient pas. Il y a, concluait il, lorsqu'on parle d'arbitrage avec l'Angleterre, une question préjudicielle à considérer, c'est celle de ses colonies... » Cette question préjudicielle, on ne l'a point tranchée ; il y aura donc deux choses nécessaires quand on signera, dans l'avenir, un compromis relatif à une question coloniale : l'intervention, à la signature de ce compromis, de la colonie intéressée concurremment avec la Métropole, et la participation des deux au choix des membres du tribunal arbitral, de façon à ce qu'aucun doute ne puisse s'élever sur l'exécution du jugement, étant donné que la colonie y aura été, en fait et en droit, partie tout comme l'Angleterre.

Il ne paraît pas que la pensée que nous venons de dégager complètement dans les lignes qui précèdent et qui avait été seulement indiquée en germe, vu la brièveté nécessaire de la note insérée dans l'*enquête* précitée de la *Revue des Questions diplomatiques et coloniales*, ait été nettement aperçue par tout le monde. M. Abrami, dans l'article publié dans cette *revue*, article auquel nous avons déjà fait allusion, rapporte que nous ne voyons guère d'éventualité de conflit entre la France et l'Angleterre que pour les territoires coloniaux (1). C'est bien notre pensée ; c'est ce que nous avons exposé plus haut en indiquant les points sur lesquels un accord parfait n'existe précisément pas avec la Grande-Bretagne. C'est l'avis de tout le monde et c'est aussi celui de M. Abrami, qui cite comme différends principaux actuels entre les deux pays, les questions de Terre-Neuve, du Niger-Tchad, des Nou-

____

(1) Note 2 de la page 549.

velles-Hébrides et du Maroc (1). M. Abrami, ajoutant que nous proposons d'exclure toute question coloniale du traité idéal que nous espérons ou d'entourer le jugement de garanties spéciales, s'exprime ainsi : « A quoi donc se réduirait le domaine de cet important écrit ? On voit que le moindre défaut de cette doctrine, dont M. Mérignhac est *un des seuls partisans*, est de pécher par *excès de prudence* après avoir péché par *excès de témérité* ». Si M. Abrami avait lu notre article jusqu'à la fin, il aurait vu que ces garanties spéciales, considérées par nous comme indispensables pour les questions coloniales soumises à l'arbitrage, consisteraient simplement dans la participation des colonies anglaises au traité à intervenir, comme elles participent à l'Union postale et, à défaut, dans leur adhésion aux compromis ultérieurs et au choix des arbitres. Cet *excès de prudence* sera, croyons-nous, approuvé par tout le monde, ce qui fait que, loin d'être seuls à soutenir cette doctrine, nous serons, au contraire, avec *l'unanimité de ceux qui déplorent ce qui s'est passé à Terre-Neuve et souhaitent qu'on ne recommence pas cette triste expérience.* Quant à *l'excès de témérité* qui consiste à être « *partisan de la paix à tout prix par le Droit* », nous n'en connaissons pas de plus noble. Le Droit, en effet, est le seul guide à la fois honnête et sûr ; en dehors de lui, à l'intérieur et à l'extérieur, tout n'est qu'arbitraire et incertitude. Si le droit se prête aux *concessions honorables*, il n'admet pas les *abdications humiliantes*; c'est lui, pour ne citer qu'un seul exemple, le plus probant de tous, qui

(1) Pp. 545 et ss. et 510.

enseigne que la question d'Alsace-Lorraine doit être liquidée par la voie du plébiscite international, c'est-à-dire par la consultation directe des intéressés décidant eux-mêmes de leurs destinées. A l'intérieur, le Droit cherche à faire prévaloir les idées de justice et d'équité sur les intérêts égoïstes et périssables des individus ou des collectivistes ; à l'extérieur, il sauvegarde les prérogatives fondamentales des Etats, et établit, entre leurs aspirations souvent opposées, la conciliation nécessaire pour le bien commun, faisant prévaloir, autant que possible, les conceptions justes et rationnelles sur la force et la violence. Et c'est pourquoi nous souhaitons à tout être humain en général, et nous nous souhaitons à nous-même en particulier d'être toujours considéré comme partisan *à tout prix* de ce que le Droit ordonne dans toutes les manifestations de la vie nationale ou internationale.

XII

Les jugements les plus divers ont été portés relativement aux traités d'arbitrage dont nous venons de donner le commentaire. Tandis que les pacifiques les ont exaltés à outrance, les traitant de « manifestation capitale et d'événement considérable de l'histoire (1) », d'autres leur ont dénié toute espèce de valeur, les considérant comme « une expression d'un simple désir de

(1) Conf. le télégramme adressé à M. Delcassé, par M. Arnaud, président de la ligue internationale de la paix et de la liberté, ainsi que *l'interview* publiée par le *Standard* et émanant de M. Barclay au sujet du traité anglo-américain.

tendance naturelle, de volonté présente pacifique (1) » ;
certains, enfin, avec une netteté encore plus grande,
les ont qualifiés de fantasmagorie faite pour duper
l'opinion publique, de comédie jouée par les deux
gouvernements, etc. (2).

Nous croyons qu'entre ces opinions extrêmes trouverait sa place naturelle le jugement plein de bon sens
que portait naguère M. Léon Bourgeois, chef de la
délégation française à la Conférence de la Paix, dont
le rôle a été prépondérant à La Haye. Voici comment
s'exprimait M. Bourgeois à la fin de la *Préface* placée
en tête de notre ouvrage sur la « *Conférence de la
Paix* » : « L'un des publicistes qui ont le plus ardem-
ment soutenu la cause de la Paix nous demandait, il y
a quelques mois, quel devait être le sentiment des
hommes éclairés sur les résultats de la Conférence.
Nous lui répondîmes simplement ces deux mots : ni
scepticisme, ni impatience (3) ». M. Louis Renault,
notre éminent maître et collègue de la Faculté de droit
de Paris, qui, lui aussi, a si dignement et si utilement
représenté la France à La Haye, écrivait ce qui suit
dans le même ordre d'idées, à propos du premier litige
déféré à la Cour arbitrale : « Je n'ai point partagé les
enthousiasmes de la première heure pas plus que les
découragements qui ont suivi. Nous sommes, en géné-

(¹) Conf. notamment l opinion de M. Clémenceau et celles d'autres
publicistes, rapportées dans le *Journal des Débats*, dans la 2ᵉ quin-
zaine d'octobre 1903. Voir Louis Jaray *loc. cit.*, p. 659 ; Robert de
Caix dans l'enquête précitée de la *Revue des Questions diplomatiques et coloniales*, pp. 170 et ss.

(2) Conf. les citations de l'article des *Débats* de la note précédente.

(3) *Préface* de l'ouvrage précité, p. VIII.

ral, trop pressés et nous voulons trop nous passer de l'aide du temps, qui est, cependant, selon la jolie expression italienne, un *galant'uomo* (1) ». Ces appréciations nous semblent convenir parfaitement à toutes les innovations pacifiques, et spécialement aux traités d'arbitrage permanent. Entre le dédain ou la méfiance des uns et l'enthousiasme impatient et irréfléchi des autres, il y a place pour un éclectisme plus près de la réalité que ces extrêmes qui voient en trop bien ou en trop mal.

Certes, les traités d'arbitrage permanent en général et spécialement les accords de 1903 n'établiront ni la paix définitive et universelle, ni même une concorde à l'abri de toute atteinte entre les trois pays signataires ; et voilà pourquoi il paraît imprudent de les célébrer en termes excessifs, qui appellent nécessairement la contradiction. Ils ne pourraient, par exemple, être mis en parallèle, comme instruments pacifiques, avec la conférence de la Paix, dont le gigantesque effort a codifié les lois et la guerre sur terre, et les principes de la paix juridiquement organisée, en créant cet admirable organe dont l'utilité commence à se vérifier et se vérifiera de plus en plus en dépit des incrédules de la première heure, la cour arbitrale de La Haye ! Mais, en se tenant dans une juste mesure, en n'essayant pas de voir dans les accords de 1903 ce qui n'y est pas, ce qui n'a été nullement dans la pensée de ceux qui les ont signés, on ne saurait nier leur réelle et bienfaisante portée sans méconnaître, d'une façon complète,

(1) Article déjà cité, paru dans les *Annales des sciences politiques*, no du 15 janvier 1903. Tirage à part, pp. 2 et 3.

les principes du droit international public, que malheu-
reusement n'ont pas toujours présents à l'esprit ceux
qui discutent sur l'arbitrage et sur sa sanction, ainsi
qu'on va s'en rendre compte par la discussion des deux
principaux griefs adressés au traité d'arbitrage permanent. Ces griefs sont les suivants : — 1º Grâce aux
exceptions de toute sorte que l'on apporte à la portée
obligatoire du traité, un État trouvera toujours un
moyen d'échapper à son application quand elle le gè-
nera ; il invoquera ses instants vitaux, le caractère politique, son honneur ou son indépendance ; — 2º Il n'y
aura aucune sanction pour contraindre la partie con-
damnée à se soumettre à l'arbitrage, même en présence
de la plus évidente mauvaise foi. De ces deux consta-
tations, dit-on, il résulte que les contractants ne sont
nullement liés. que. s'ils recourent à l'arbitrage c'est
qu'ils le veulent bien ; que, par suite, le traité d'arbitrage permanent est inutile.

Les deux objections n'en forment, en réalité, qu'une
ainsi formulée : le traité d'arbitrage permanent n'a
aucune force obligatoire pour les contractants. Qu'y
a-t-il de vrai dans cette affirmation, ou plutôt en quoi
concerne-t-elle spécialement les traités d'arbitrage
permanent parmi les autres traités internationaux ?
Remarquons d'abord que nous avons, autant que possible, ainsi qu'on a pu s'en rendre compte, essayé de
restreindre les exceptions à la portée générale des traités qui nous occupent. Mais, en les prenant tels qu'ils
sont habituellement rédigés, tels, notamment, que sont
libellés ceux de 1903, on va se rendre compte qu'en
somme ils n'ont ni plus ni moins force obligatoire que
toutes les autres conventions internationales. En effet,

sur quoi repose l'obligation d'exécuter un traité quelconque? Uniquement sur la *bonne volonté des contractants*, en dehors de laquelle la *force* reste l'unique remède. Il n'y a ni tribunaux internationaux ni force publique internationale, à la différence de ce qui se passe dans les rapports nationaux. Pourquoi donc les Etats tiennent ils leurs engagements? Par bonne foi, par respect de la parole donnée, par intérêt, par espoir de la réciprocité; pour tout motif que l'on voudra, mais, en somme, *parce qu'ils le veulent bien*. Or, comment la bonne foi, qui est la règle dans l'exécution des conventions internationales, manquerait-elle précisément à propos des traités d'arbitrage, quand bien réellement n'est point en jeu une de ces questions vitales, que tout le monde aperçoit fort bien sans être diplomate, pourvu qu'elle existe réellement? Et, du reste, lorsque ces questions vitales interviendront relativement à l'exécution de toute espèce de traité, un Etat n'hésitera jamais à écarter la stipulation dont l'exécution léserait une prérogative essentielle. Ce sera pour lui non seulement un droit, mais encore un devoir, car les droits essentiels de la nation sont, entre ses mains, un dépôt qu'il est obligé de rendre intact aux générations futures. S'il restait quelque doute au sujet de la proposition que nous venons d'énoncer, où on trouverait la preuve irréfutable dans une clause ordinairement peu connue en dehors du monde des juristes, bien qu'elle soit de la plus haute importance pratique.

Cette clause, sous-entendue dans tout traité, est la clause : « *rebus sic stantibus* », en vertu de laquelle les parties entendent se lier seulement pour le temps où seront encore existants les intérêts ou les motifs qui

les ont déterminées à stipuler, en sorte qu'un traité
n'est obligatoire que tout autant que les circonstances
dans lesquelles il a été conclu ne se modifient pas d'une
façon absolue. Cette clause de résolution tacite des traités a permis d'échapper à beaucoup de stipulations va-
lables ; et pourtant, en thèse, il n'est pas possible de
l'écarter, car le salut des États est leur loi suprême ;
et nul d'entre eux, le voulût-il, ne serait capable, en
présence du soulèvement certain de l'opinion publique,
de continuer l'exécution d'une convention compro-
mettant ses conditions matérielles d'existence (1). La
clause n'empêche pourtant pas l'exécution normale des
traités, tout simplement parce que les États agissent
habituellement de bonne foi ; pourquoi donc, encore
une fois, les supposer, par avance, de mauvaise foi
quand il s'agira d'arbitrage et que leurs intérêts essentiels ne seront pas réellement en jeu ? Déclarer, à raison de la possibilité de la mauvaise foi dans quelques
hypothèses, le traité permanent d'arbitrage illusoire en
règle générale, c'est donc déclarer aussi illusoires en
bloc toutes les conventions internationales. C'est sup-
primer, d'un seul trait de plume, le droit international
tout entier qui a sa base principale dans l'exécution
des traités de toute nature, sans en excepter les traités d'arbitrage permanent. Bluntschli paraît avoir bien
formulé la notion exacte des rapports internationaux
de toute sorte quand il a écrit : « Puisqu'il n'existe

---

(1) Sur la clause « *rebus sic stantibus* » on consultera : Pradier-
Fodéré, *loc. cit*, §905 ; Rolin Jaëquemyns, *Xapud Revue de droit
international et de législation comparée*, 1888, p. 620 ; Bluntschli,
Droit international codifié, traduction française Lardy, 4ᵉ éd., 1886,
art 415 et 461.

pas de législateur universel, le monde doit se contenter aujourd'hui de la manière imparfaite en laquelle le
droit international est actuellement formulé, savoir de
la reconnaissance aussi générale et aussi uniforme que
possible de ce droit par les divers Etats ». Et le célè-
bre professeur de Heidelberg ajoute : « l'obligation de
respecter les traités repose sur la conscience et le sentiment de la justice (1). »

Ainsi se trouve établie la portée obligatoire, en tant
que sont obligatoires les traités internationaux en général, du traité d'arbitrage permanent. Quant à sa
haute autorité morale de pacification, d'équité et de justice internationales, tout le monde l'a aperçue; il n'est
donc point nécessaire d'y insister (2). Et voilà pourquoi, comme nous le disions au début de cette étude,
le traité d'arbitrage permanent ira se développant de
plus en plus et deviendra, dans le siècle qui s'ouvre, la
règle normale des rapports internationaux entre les
peuples qui, sans aller jusqu'à une alliance proprement
dite, voudront cependant établir entre eux une entente
vraiement amicale. La France sera très probablement
amenée à conclure de pareils traités avec l'Espagne,
trop dédaignée jusqu'ici dans nos manifestations de
sympathie, et dont l'amitié nous serait peut-être un
jour d'un grand secours, de même que nous pour-

(1) Art. 11 et 410, *ibidem.*
(2) Voir notamment l'opinion exprimée à cet égard au sujet du
projet de traité d'arbitrage franco anglais par MM. de Courcel, Flou-
rens, Pic et Anatole Leroy Beaulieu, dans l'*enquête* dont il a été ci-
dessus question, ouverte par la *Revue des Questions diplomatiques
coloniales. loc. cit.*, p. 6, 9, 11 et s , 169 et 170. Consulter la critique de M Despagnet, *ibidem*, pp. 144 et s., et la conclusion de
M. Jaray, *ibidem* pp. 450 et s.

rions nous-mêmes lui être utiles par un étroit rapprochement dans les rapports économiques de toute sorte.
Ainsi serait réalisée, si la Péninsule réussissait dans
ses projets à l'égard de ses colonies américaines,
cette union des races latines destinée, à jouer le rôle
de facteur pacifique prépondérant dans un nouvel
équilibre européen. Puis viendraient les accords avec
les puissances de seconde grandeur, dont certaines,
dit-on, auraient déjà fait des ouvertures qui ont été ou
seront certainement prises en la plus sérieuse considération. Les autres pays, à leur tour, suivront l'im-
pulsion donnée et se lieront par des accords analogues
à ceux qui ont fait l'objet de ce travail.

Le moment paraît donc venu de dégager la rédaction
rationnelle et juridique du traité d'arbitrage permanent
à notre époque. Le projet que l'on va lire est la conclusion naturelle de l'étude qui précéde ; et les critiques
par nous adressées aux accords de 1903 auront,
croyons-nous, suffisamment mis en lumière les élé-
ments de la formule idéale qui devrait, suivant nous,
être conçue dans les termes suivants :

« Les gouvernements.................................
signataires de la Convention pour le règlement pacifique des conflits internationaux conclue à La Haye le 29 juillet 1899 ;

Considérant que, par l'article 19 de cette convention, les Hautes Parties contractantes se sont réservé de conclure les accords
en vue du recours à l'arbitrage dans tous les cas qu'elles jugeront possible de lui soumettre ;

Désirant conclure à cet effet un traité d'arbitrage permanent,
ont nommé pour leurs plénipotentiaires, savoir..............
lesquels sont convenus des dispositions suivantes :

Article premier. — Tous les différends déjà existants ou qui

viendront à se produire dans l'avenir entre les parties contractantes, à l'exception de ceux mettant en cause l'indépendance de
ces dernières, ou touchant aux intérêts de tierces Puissances,
seront soumis à un tribunal pris dans la Cour permanente d'arbitrage établie par la convention du 29 juillet 1899, suivant le
mode arrêté par cette convention.

Article II. -- Dans chaque cas particulier, les Hautes Parties
contractantes signeront un compromis spécial déterminant nettement l'objet du litige, l'étendue des pouvoirs des arbitres et la
façon dont sera constitué, en cas d'appel de la sentence primitive, le tribunal supérieur toujours pris dans la Cour arbitrale
de La Haye. La procédure suivie sera celle établie par la convention précitée de La Haye pour le règlement pacifique des conflits internationaux.

Article III. — Relativement aux différends indiqués en l'article premier, auxquels ne s'applique point le présent traité
d'arbitrage, les Hautes Parties contractantes conviennent d'avoir
recours, le cas échéant, à la médiation d'une ou de plusieurs
puissances amies, choisies d'un commun accord. Cette médiation,
soit sur le recours des parties en conflit, soit sur l'initiative des
puissances étrangères au conflit, aura exclusivement le caractère
de conseil et ne sera jamais obligatoire.

Article IV. — La présente convention est conclue pour un
délai de... années. Elle sera renouvelée, de plein droit, pour
de nouvelles périodes d'égale durée si elle n'est point dénoncée
avant l'expiration soit de la période primitive soit des périodes
ultérieures ».

(Extrait d'un article paru en 1904, dans la *Revue politique et parlementaire*)

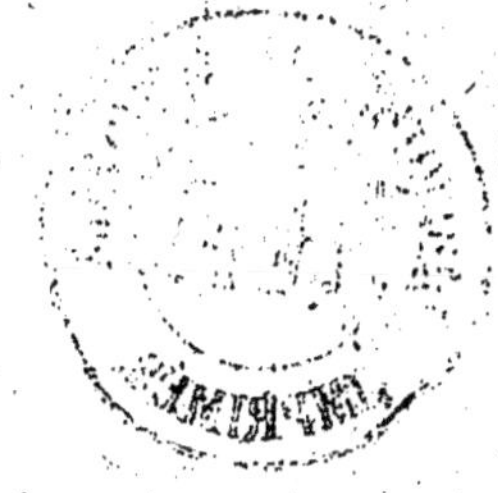

157